品味匠鑫

鑫苑集团品质地产方法论

鑫苑集团◎著

中信出版集团 | 北京

图书在版编目（CIP）数据

品味匠鑫：鑫苑集团品质地产方法论 / 鑫苑集团著
. -- 北京：中信出版社，2019.1
ISBN 978-7-5086-9992-9

Ⅰ．①品… Ⅱ．①鑫… Ⅲ．①房地产业—企业集团—企业管理—经验—中国 Ⅳ．① F299.233.3

中国版本图书馆 CIP 数据核字 (2019) 第 007638 号

品味匠鑫——鑫苑集团品质地产方法论

著　　者：鑫苑集团
出版发行：中信出版集团股份有限公司
（北京市朝阳区惠新东街甲 4 号富盛大厦 2 座　邮编　100029）
承 印 者：北京通州皇家印刷厂

开　　本：880mm × 1230mm　1/32　　印　　张：9.25　　字　　数：128 千字
版　　次：2019 年 1 月第 1 版　　印　　次：2019 年 1 月第 1 次印刷
广告经营许可证：京朝工商广字第 8087 号
书　　号：ISBN 978-7-5086-9992-9
定　　价：58.00 元

序

品质是我们逾越周期的最大依靠

“从没有任何一个时代有如此之多的困难，有如此之多的希望。”

10 年前，中国一家著名媒体在一篇题为“没有一个冬天不可逾越”的新年献词里这样写道。如今，中国走过了激流般的 10 年，中国房地产行业也走过了沧桑巨变的 10 年。站在新 10 年的开端，我重读这句话，觉得用这句话来描绘中国今天的房地产行业现状竟是如此恰如其分——困难与希望交织，有困难，更有希望。

10 年为一期，中国房地产市场化改革已走过 20 年。上一个所谓“黄金十年”已经落幕，不管下一个 10 年是“白银时代”，还是“青铜时代”，政策在变，环境在变，市场在变，消费者也在变，这种变化是不可阻挡的，也是不可逆转的。

纵览全球经济，每个行业都有逃不开的周期规律，而在所有的周期规律中，房地产周期被称为“周期之母”。作为房地产从业者，在这样的历史阶段和市场环境下，我们需要以一种什么样的姿态来面对周期，来逾越周期？

结合鑫苑集团（下文简称“鑫苑”）的发展，我个人认为，我们需要始终对周期保持敬畏之心，要矢志不渝地追求品质。品质是我们逾越周期的最大依靠。

22 年前，鑫苑诞生之时恰逢房改第二年，人们对住房的认知还停留在福利分房时代，几代人不再挤在一起是朴素而又简单的愿望。在鑫苑首个项目郑州陇海星级花园中，我们将古罗马装饰柱、阳台铸铁透花栏杆、欧式喷泉等当时少见的建筑装饰元素引入小区，这颠覆了当时人们对住房的认知，极大地提升了人们的居住品质，也让鑫苑首战告捷，并让鑫苑在市场上立住了脚。

继郑州陇海星级花园项目之后，我们又在郑州推出了鑫苑名家项目。让老百姓买得起高品质住宅社区是我们打造这个项目的初心。为此，我们请来了河南省社会科学院和郑州大学的专家，首推“让居住与世界同步”的开发理念，明确提出坚持“三个回归、一个面向”的建设理念。

建成后的郑州鑫苑名家被评为“郑州市首家人居样板社区”。社区建筑错落有致，景观布局合理，绿化率近 40%，邻里关系和睦，社区文化活动丰富。郑州鑫苑名家成为名副其实的和谐社区。

令我们倍感自豪的是，多位党和国家领导人先后来到郑州鑫苑名家视察。2007 年 5 月 1 日，胡锦涛同志视察郑州鑫苑名家，与社区居民亲切交流，并对郑州鑫苑名家给予了高度肯定：“环境好了，心情就好了；心情好了，身体就好了！”

一“名”惊人，一“家”风行。按照现在的说法，当年的郑州鑫苑名家成了不折不扣的爆款，在中原房地产界乃至全国房地产界都引起了广泛关注。可以说，郑州鑫苑名家项目所呈现的品质和“品质地产”的理念，成为鑫苑的一张亮丽名片，不仅为鑫苑在河南赢得了市场，更成为日后鑫苑全国化发展的强大助推力，成为鑫苑从区域品牌到全国品牌的最重要支撑。

从郑州走向北京，从中国迈向世界，鑫苑成为中国率先登陆美国纽交所的房地产企业。鑫苑为消费者打造品质地产的这份初心与承诺，在每一个发展节点来临之际嗡然回响，激荡着所有鑫苑人的心。

在新的时代语境——房住不炒——下，“品质地产”的内涵无疑更加丰富。在鑫苑人看来，“品质地产”已不局限于质量的范畴——不仅仅代表一座好房子，也不局限于优质的物业服务，而是应该跟随时代发展和技术进步，不断融入新内涵。同时，“品质地产”也不是一味地追求奢华，而应该是一份以业主满意为核心任务的社会责任。

因此，在新周期里，鑫苑的“品质地产”理念涵盖了建筑品质、科技品质、服务品质和生活品质等多个维度，尤其在“以科技赋能地产”方面，鑫苑开展了诸多有益的探索。近年来，鑫苑确立了“国际化科技地产生态引领者”的发展愿景，开启了科技化转型之路，大力研发人工智能和智慧社区，创享智慧城市家园，提高业主生活品质。值得一提的是，由鑫苑研发的业界领先的智能管家机器人慷宝成为鑫苑构建智慧社区的有力支撑。

康德在《实践理性批判》里写过这么一句话：“有两种东西，我对它们的思考越是深沉和持久，它们在我心灵中唤起的惊奇和敬畏就越会日新月异、不断增长，这就是我头顶的星空和内心的法则。”

在我看来，对于鑫苑来讲，这“头顶的星空和内心的法则”，就是为消费者提供高品质生活的初心。鑫苑坚信，只要永葆这份初心，就能逾越周期，拥抱更美好的未来。

鑫苑集团董事长

2019 年 1 月

目录

第五章 品·味

第一章 品·源

第一节 创业往事

每一棵参天大树都源于一粒小小的种子。

以史为鉴，可以知兴替。同样，了解一个企业的过去，就可以透视它的未来。

对于已经深耕房地产行业多年的鑫苑来说，其秉持的“品质地产”发展理念，不是一句单纯的口号，而是鑫苑回顾多年企业发展之路，不断总结经验与教训，不断磨砺管理与技能，不断追问如何从优秀走向卓越，最终提炼出来的行为准则、核心信念和价值取向。

正是因为生活中还有很多不变，我们才能自如地应对那些变化。企业需要适应市场的变化，顺应潮流，乃至引领潮流。但企业在变化之后，总要有不变的信念，这样才能在大潮中不随波逐流、不迷失方向。和人一样，企业只有具有永恒的信念，才能超越时空的限制、超越平常人而拥有平常心、超越一时一地的得失而持之以恒，才能抓住企业发展的根本，实现基业长青。

事实上，“品质地产”源于鑫苑创始人的初心。“咬定青山不放松，立根原在破岩中。千磨万击还坚劲，任尔东西南北风。”鑫苑历经多年的考验、诱惑、探索、回归，冲破重重风雨，洗尽铅华。最终，一个人的初心依旧，并升华为一家企业不变的信念。

鑫苑是如何创立的？鑫苑所走过的道路又是如何影响和引领它坚守“品质地产”理念的？

让我们回到1997年，从鑫苑的创业之始寻找答案。

1. 首个项目就被市场热捧，鑫苑凭什么

1997年是不平凡的一年。

这一年，香港回归，大街小巷的空气和阳光中都洋溢着扬眉吐气的自豪感；也是这一年，亚洲爆发了有史以来最严重的金融危机，金融危机击破了一些亚洲国家经济高速发展的神话。

这一年是艰难而又充满希望的一年，它让世人看到经济发展的内在规律，在浮华狂欢中清醒过来，继而心怀敬畏之心，脚踏实地追寻个人价值的实现。

这一年，已过而立之年的山西人张勇，在河南创办了河南鑫苑置业有限公司。

张勇是山西平遥人，1985年大学毕业后被分配到当时郑州最大的一家国有房地产公司，历任技术员、助理工程师、工程师，参与过名噪一时的郑州亚细亚商场等大型工程建设。那时，周围的同事对张勇的评价是“温文尔雅、睿智聪慧”。

很快，张勇出色的工作成绩获得了应有的回报，他有了自己的住房，有了优于当时社会平均水平的薪酬待遇。如果沿着这条

路继续走下去，张勇将和千万技术工作者一样，将自己的专业技能贡献给这个社会，过着体面、稳定的生活，平凡而充实。

但张勇并不满足这样的生活。晋商曾经称霸中国商界 500 年，张勇的故乡山西平遥更是晋商的集中地，诞生过很多大商人，故乡的文化熏陶让他拥有了更加远大的志向和抱负。和很多企业家一样，在扎实的专业技能之外，张勇还拥有一颗追逐梦想、不断超越自我的创业心。

1992 年，张勇辞职下海，开始了在房地产行业的创业之路，他从最基层做起，带队承接工程。在房地产行业摸索 5 年之后，他于 1997 年成立了河南鑫苑置业有限公司。

从张勇身上，我们可以找到很多晋商的特质：比如“倔”，认准一件事，就一定要干出个样子；又如诚实、踏实、坚韧。张勇将这些鲜明的个性特征归结为山西人普遍具有的个性和品质，而作为一个商人或是一个商业团队的领袖，张勇更愿意将晋商的精神遗产总结为“敢为天下先”的创新精神，这些精神遗产也始终影响着他的商业判断。

诚信、创新的精神指引，再加上鑫苑多年在建筑一线的从业经验，让鑫苑初期开发的几个项目以“风格领先 + 工程精致”著称，鑫苑迅速在业界创下口碑。

1998年是鑫苑成立的第二年，中国房改的政策终于一锤定音，福利分房时代退出历史舞台，中国人从此跨入商品房时代。“半亩方塘一鉴开，天光云影共徘徊。问渠那得清如许？为有源头活水来。”房地产黄金十年的大幕由此揭开。也就是在这一年，在张勇的带领下，鑫苑开始步入正轨，并开发了公司首个项目——郑州陇海星级花园，如图 1-1 所示。

图 1-1 郑州陇海星级花园是鑫苑开发的首个项目

当年，人们对住房的认知还停留在福利分房时代。能住进楼房，拓宽居住空间，不再让几代人挤在一起就是老百姓的心愿，至于小区公共绿化、生活配套等，还未被列入老百姓的梦想清单。张勇却以“敢为天下先”的精神，富有前瞻性地将欧陆园林风格引入郑州陇海星级花园，配以精湛的技艺，引入古罗马装饰柱、阳台铸铁透花栏杆、欧式喷泉等。这些当时少见的建筑装饰元素颠覆了人们对房子的认知，在当时可以说是独领风骚，于是该项目赢得市场一片热捧。很快，郑州陇海星级花园就实现了 100% 的销售率。

这个有着儒商气质的山西人以及这个名叫鑫苑的房企，自此在市场上崭露头角，赢得人们的关注。

2. 郑州的这个楼盘，为何会引来领导人频频造访

凭着项目积累的经验和口碑效应，张勇又在郑州拿下了一个占地 331 亩（约 22 万平方米）的大盘——郑州鑫苑名家，如图 1–2 所示。

图 1–2 鑫苑名家是郑州房地产界的一个明星楼盘

2001 年，郑州鑫苑名家项目隆重开盘，超前的社区建设理念

让这个项目在规划、设计、建设等方面都走在了中原房地产行业的前列，并很快在郑州房地产界刮起一股强劲的旋风。为了把郑州鑫苑名家建成老百姓买得起的高品质住宅社区，鑫苑专门请来了河南省社会科学院和郑州大学的专家，来研究老百姓的买房需求。最终，鑫苑推出“让居住与世界同步”的开发理念，明确提出“三个回归、一个面向”的建设理念。“三个回归”指的是：首先，从传统住宅区建设以物为中心转变为以人为中心，实现规划设计和管理思想的人性回归；其次，在小区人际关系的构建上，从注重管理和服务转变为全方位推进人与人之间的相识、沟通、理解和友情，实现城市居住区的亲情回归；最后，在生活方式和生活环境的构建上，从注重室内方便、舒适和注重外部环境绿化，转变为努力营造充满美、传播美、创造美的生活方式和生活环境，实现城市生活的艺术回归。“一个面向”则是强调在设计思想上的超前意识，始终坚持面向未来。

别人卖房子，鑫苑卖生活。在这个楼盘的开发过程中，张勇首先投入数百万元资金，与政府部门合作，在小区前铺了一条“鑫苑路”，从而令小区周遭交通环境焕然一新。张勇在研究客户需求时敏锐地发现，老人和孩子是在小区里生活时间最长的人，所以在社区公共区域及配套设施建设上，老人和孩子应该成为地产企业最重视的对象。于是，张勇又投资上千万元，把河南省实验幼儿园分园和河南省实验小学外国语分校引进郑州鑫苑名家。如今，“教育地产”在房地产行业已是耳熟能详的概念，但在那个时候，在小区里引进教育机构实属少见。这正是鑫苑的远见，即无论任何时候，中国家长都舍得在孩子的教育上投入，因为孩子承载着一个家庭的未来和希望。郑州鑫苑名家配建的幼儿园和小学虽然占了不小的土地面积，却换回了极好的市场口碑。而在另一个楼盘——郑州鑫苑城市之家的社区建设中，张勇干脆在小区里专门为老人和孩子铺了一条路，以方便他们的生活。

随着郑州鑫苑名家二期、三期的陆续交付，这个楼盘成为当时地产圈一个现象级话题，在中原房地产界乃至全国房地产界都引起了不小的轰动。经过近 4 年的开发建设，郑州鑫苑名家引入了教育、医疗、文体、商业、金融等服务机构来与生活配套，成为郑州市高尚生活社区的一大亮点和优秀代表，并被郑州市委、市政府评为“郑州市首家人居样板社区”，还陆续获得了“中国名盘 50 强”“中原地产十年最具影响力楼盘”“郑州十大经典楼盘”等荣誉。

让鑫苑人倍感自豪的是，多位党和国家领导人先后来到郑州鑫苑名家视察。2007 年 5 月 1 日，胡锦涛同志视察郑州鑫苑名家社区，与社区居民亲切交流，并对郑州鑫苑名家给予了高度肯定：“环境好了，心情就好了；心情好了，身体就好了！”

郑州鑫苑名家成了鑫苑的一张名片，不仅为鑫苑赢得了市场美誉度，还成为一个样板工程，助推鑫苑日后的全国化扩张。当时，鑫苑的新客户中有相当多的比例都是由老客户推荐来的，这一比例最高曾达到 58.5%。鑫苑随后在郑州开发了中央花园、国际城市花园（见图 1–3）两个楼盘。这两个楼盘开盘 4 天即告售罄，令同行惊羡不已。

不只是房地产同行，甚至国际投资者也注意到了“鑫苑名家现象”和它背后这家中国房地产新秀。

图 1-3 郑州国际城市花园

2006 年 9 月，一架飞机从美国飞临郑州。飞机上有两名特别的乘客，他们是为投资一家中国企业而来的，其中一位是蓝山中国资本创始合伙人唐越，另一位是 EI（美国最大的房地产投资公司之一）董事长。蓝山资本成立于 1996 年，总部位于美国纽约，蓝山资本管理着全球 40 亿美元的基金；EI 则掌握着一支专门用于全球房地产投资的基金，在墨西哥、巴西等国家投资的房地产公司都是当地最强的企业。EI 的创始人山姆 · 泽尔（Sam Zell) 是美国房地产资本的大佬，挑项目十分苛刻，他在中国看了三五年的项目，却一直没有出手。

他们二人考察的这家中国企业正是鑫苑。在郑州停留了短短

4 个小时，他们就被鑫苑和张勇打动了。当月，鑫苑就拿到了蓝山中国资本和 EI 共同投资的 2 500 万美元。次月，鑫苑又拿到了蓝山中国资本和 EI 追加的 5 000 万美元投资。必须要指出的是，鑫苑是 EI 投资的第一家中国房地产企业。

这两笔投资帮助鑫苑打通了美国资本市场。

2007 年，鑫苑成为中国率先登陆美国纽交所的房地产企业。或许是巧合，这距离张勇创立鑫苑刚好 10 年。

3. 盒尺不离身、爬楼量台阶，这个地产老板不一样

从一个怀揣梦想、白手起家的创业者，到走上国际资本市场、在纽交所敲钟的那个人，这一切都建立在张勇对品质和责任的极致追求上。

在鑫苑的老员工中，有不少人当年参与过郑州鑫苑名家的建设。在他们眼里，这个项目的成功与张勇董事长坚持精益求精的工匠精神密不可分。如今，老员工仍对当年的一些事情记忆犹新。

有一幕情景，让很多老员工在多年后都难以忘记。当年，张勇每次进工地都随身带着一个盒尺，爬楼梯亲自测量每级楼梯台阶的高度和宽度，以确保每级楼梯台阶的高度一致、宽度一致。这不禁让人心生感慨：这样的劲头，连很多一线工程师都难以做到。作为一家企业的负责人，他有许多事情需要去处理，但他却愿意花时间和精力去抠这样的细节！因为他深知细节决定成败，工程质量是鑫苑长久发展的命脉。企业的领导者如此以身作则，那么作为员工，哪怕工作再忙，也没有任何理由在品质上敷衍了事。

关注细节、精益求精是每位创业老员工从张勇身上学到的宝贵财富。创业初期，张勇无论做什么事情都亲力亲为。在项目建设中，张勇身先士卒，每天和一线工程师一起进工地，仔细查看施工过程的各个细节。不熟悉他的人，根本看不出来这个头戴安全帽、手掌粗粝的大个子是这家企业的老板。原材料是否合格、

图 1-4　郑州鑫苑名家社区

栏杆高度是否符合设计要求……张勇将房屋开发的每一个环节都予以关注，对很多细节都一一把关。郑州鑫苑名家社区（见图 1–4）步行街最早铺的是红色面包砖，为了确保步行街地砖给客户带来最好的体验和品质感，张勇先后给步行街更换了两次砖，改后的地砖呈现出了更好的色泽和观感。

创业之路筚路蓝缕。与鑫苑一起成长的老员工，都对一张二八自行车的老照片印象深刻。这种流行于20世纪六七十年代可以运载少量货物的交通工具也曾是张勇的“坐骑”，和他一起风里来雨里去。随着企业的成长，二八自行车换成了踏板摩托车。正如交通工具的升级一样，鑫苑的发展风格也是步步为营、稳扎稳打。

慢就是快。因为坚持品质，鑫苑获得了丰厚的回报，在中国房地产界创造了多个“最”：中原地产最具价值企业，最先在美国纽交所上市的中国房地产企业，最先在美国购买土地并独立开发住宅项目（见图1-5）的中国房地产企业……

图1-5 鑫苑在美国独立开发的第一个项目——纽约东河湾

在张勇看来，鑫苑并不只是一家单纯盖房子的房地产商。张勇对“盖房子”有着更深的理解，因为房子是一个家的基础，鑫苑是在为业主创造一个家。正因为如此，张勇在一开始就将“创建美好家园”作为企业使命（见图 1-6），20 多年来矢志不渝。

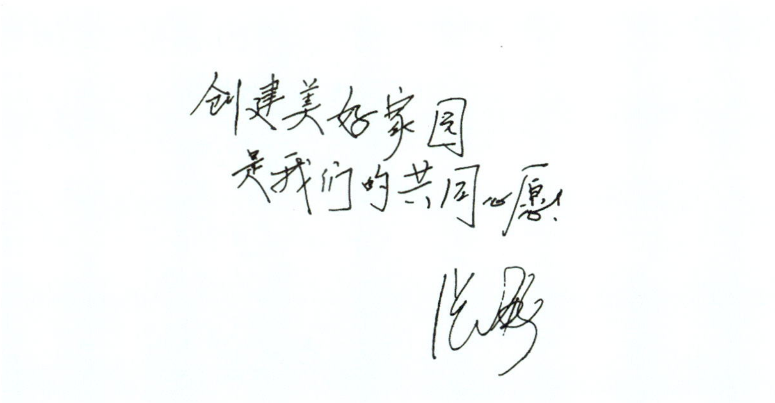

图 1-6　鑫苑创始人张勇手书的企业使命

张勇曾说过，一想到为老百姓盖房子，就感到肩上的担子沉重。因为在中国，老百姓为了买一套房几乎要倾其半辈子甚至一辈子的积蓄，“我们把房子卖给一户人家，实际上就和这户人家形成了一种永远脱不掉干系的利益共同体。房子不同于其他消费品，绝不是卖掉了就完事。我们做房地产开发的，不是为了做一个又一个的项目，而是要通过一个一个的项目做一个负责任的企业、一个有社会责任感的企业”。

在这样的宗旨下，鑫苑人眼里的“品质地产”已经从狭义的建筑品质衍生出更丰富的内涵，除了过硬的建筑品质，还涉及服务品质和生活品质，涵盖从建房、买房、收房到后续服务的“全生命周期”管理，涉及景观宜居、商业金融、文体娱乐、教育健康等一系列生活配套设施，关系到业主一辈子居住的服务。

现在的业主，已经不再满足过去刚需房的品质。在改善型住房时代，业主对品质提出了更高的要求。这也倒逼房企采取各种办法提高住宅品质，否则房企很容易就被市场淘汰。在此形势下，除了建筑品质、生活品质和服务品质，鑫苑还强调科技品质，提出了“创享智慧城市家园”的企业使命。“创享智慧城市家园”不但与当初的“创建美好家园”一脉相承，而且拥有了更丰富的时代内涵。

第二节　品质为先

任何结果都是由内因和外因共同促成的。

内因是事物自身运动的源泉和动力，是事物发展的根本原因。外因是变化的条件，通过内因起作用。中国人将外因形容为“近朱者赤，近墨者黑”。

一粒种子要长成参天大树，首先它得是一粒大树的种子，然后还要植入合适的环境——要有肥沃的土壤、充足的水分和阳光。

鑫苑的品质观就是那粒种子。在鑫苑的发展过程中，张勇和鑫苑员工总是选择重视品质的那条道路、那种环境，内外合一，共同浇灌鑫苑不断茁壮成长的品质之树。

1. 心中装着业主，就能以不变应万变

人一定要追求真、善、美，这决定了一个人的生活品质和人生境界。

张勇在创业之初有个想法，就是要与创业伙伴们一道分享真、

善、美，并承担起鑫苑发展的责任。与上一代人不同，张勇这一代人系统地接触了西方文化，同时也继承了中国优秀的传统文化，比如仁、义、礼、智、信。

很多人认为，物质与精神是对立关系，但从哲学的角度来看，物质与精神是既对立又统一的。张勇自始至终都认为，有崇高精神与思想的个体或组织对物质的获取更容易，人要承担起建设社会、发展经济的使命。如果没有企业将人有效地组织起来，并带动大家共同致富，经济发展也就无从谈起。

一时进步容易，持续进步不易。从外部来看一个企业的成功，我们一般只能看到一个个结果——利润、规模、增速等；从内部来看一个企业的成功，企业持续、稳定的发展才是成功。而企业要获得这样的发展，一定要能够耐得住寂寞，需要坚持一些认定的东西。也许企业在短期内看不到相应的回报，但坚持一些认定的东西正是企业长期稳定发展的保障。对于鑫苑来说，认定的东西之一就是品质，而要坚持品质，就要有追求真、善、美的理想（见图1-7）。用张勇的话来说，“选择了正确的目标，就要坚持不懈、全力以赴。不能为了一时一地的利益而放弃理想、放弃真理”。

具体到房地产行业，坚持品质首先要做到的就是张勇所说的“心中装着业主”。

2018年，一些以超常规、高周转闻名的房企，因为品质问题发生了多次严重施工事故，一夜之间成为众矢之的，这似乎又一次印证了那句老话：出来混，迟早是要还的。

对自己所做的事、对行业的基本规律要有敬畏之心，提高建设效率固然好，但在施工过程中一定要按规范来。鑫苑是这样认为的，也是这样去做的。

在经济层面上，市场经济是契约经济，张勇在一次讲话中这样告诫员工：“对外部而言，鑫苑的所有产品都是由业主委托、定制生产的，属于先契约交易、后实物交易。实物交易是滞后的，业主花几十万元、上百万元委托鑫苑生产，把该花的钱都花了，鑫苑必须要有责任感，要有契约精神，不能打折扣，不能有瑕疵，对业主要有交代，对公司要有交代。对内部而言，在工程开工前，鑫苑已投入了高达数亿元的土地资金，土地是有价值的，而土地价值是要以房子的形式来体现的，如果公司投入数亿元后造出的房子质量有问题，土地价值就会受损。”另外，鑫苑要想长久发展，必须树立起品牌和口碑，不能因工程质量问题损害公司的品

图 1–7　打造“品质地产”是鑫苑的开发建设理念

牌和形象。因此，公司的工程管理人员在中间，一边担着的是业主对鑫苑的期望和要求，另一边担着的是公司的要求，如果做得不到位，不但对业主无法交代，同时对公司也无法交代。而“心中装着业主”的体现，就是将客户利益放在第一位。

坚持品质，要做到重信用，这也是张勇对“仁、义、礼、智、信”中“信”的理解。他认为，在市场经济条件下，信用就是“言必行，行必果”，对业主承诺的工期不能打折扣，交付的房屋质量不能打折扣，这既是岗位尊严问题，也是技术尊严问题。工程师和管理者要有岗位尊严、技术尊严和社会价值。鑫苑致力于成为优秀公司、公众公司，对信用的要求必须更高。

坚持品质，还要提升工程技术方面的管理能力。只有不断提升技术水平，加强工程管理知识的学习，才能实现对工程高水平的管理。

工程管理往往涉及很多单位，如施工单位、监理单位、设计单位等。工程管理遇到的问题也多种多样，既有技术问题、管理问题，也有与政府部门等外部单位的协调问题，所有这些问题都是变量，但千变万化也不能影响鑫苑对原则的坚持。解决任何问题都要坚持原则，只要简单地回答“行”或“不行”。以不变的原则应对万变，这是鑫苑的底线。

2. 房企上市非 A 股即港股，鑫苑为何独选美国纽交所

一家企业选择在什么地方上市，往往决定了这家企业的未来发展路线。因为企业要对资本市场负责，要对市场监管负责，还要对投资者负责。

中国大多数房企都选择在 A 股或港股上市，而鑫苑却选择在美国纽交所上市，如图 1–8 所示。众所周知，与 A 股、港股上市公司不同，相比土地储备，美股投资者更看重上市房企的利润水平和风险控制能力。相比中国资本市场，美国资本市场的规模最庞大，历史最悠久，监管也最严格。从某种角度来看，这也是鑫苑一直保持稳健作风的原因。强调现金流安全性以及杠杆的合理性，契合鑫苑的美股上市企业身份。

图 1–8　2007 年，鑫苑成为中国率先登陆纽交所的房地产企业

张勇一直相信，房地产企业不仅仅是盖房子和赚取利润，还需要为业主（或者说为国人）提供一个家。因为中国人非常看重

“家文化”，所以张勇一直倡导房地产企业应该以“创建美好家园”为目标。张勇提出“不囤地、不捂盘”的“零库存理念”，就是希望企业在赚取合理利润的同时，为社会做出贡献。

鑫苑的这一主动选择，在中国房地产企业中是一个“异类”。但张勇认为，其实老祖宗对商业早就看得很透彻，他也是受到晋商“义利文化”的影响：赚该赚的钱，不义之财不可取。很多企业正是因为不能平衡“义”和“利”的关系，所以无法做到长久，而张勇想打造的是百年鑫苑，实现基业长青。

鑫苑能够受到美国资本市场的认可，在于其开发模式具有标准化的特点，该模式可以被复制。而可以被复制的前提是鑫苑具有稳定的品质，中国的市场足够大且具备广阔的可复制空间。这与海外投资者（尤其是欧美投资者）眼中中国房地产公司应该具有的特点相吻合。

国际化带来的规范化或者说正气，是鑫苑从上到下、从地产到各个业务板块都拥有的独特气质。鑫苑在做事、做项目、做企业方面的“正”体现在方方面面。鑫苑这家老牌企业留给业内的普遍印象是经营规范、发展稳健，注重财务健康与风险控制。在房地产开发领域，鑫苑打法成熟、逻辑清晰。在项目拓展中，踏准节奏拿地一直是鑫苑保持合理毛利率的重要途径。结合行业趋势、周期波动和政策变化等诸多变量，匹配以灵敏的产供销运营体系，鑫苑一直凭借这种打法，追求稳健前提下的加速扩张。

正是因为注重品质，强调从品质中获利，鑫苑赢得了美国资本市场的青睐；而美国资本市场对上市企业的严格监管，又进一步促使鑫苑不断追求更高的品质。

第三节 鑫苑基因

独木难成林。一棵树长得再高、再大，也替代不了森林。

把一粒种子植入到好的环境里还不够，还需要播撒千万粒种子，让一片土地都长出参天大树，让这片土地成为森林，这样，这片土地才能成为可以自我调节、长盛不衰的生态系统。

从单项目到多项目，从单地兴业到多地兴业，从单一公司到集团公司，从国内资本到国际资本……在鑫苑跨越式发展的历程中，鑫苑要想长期保持稳定的品质，光靠董事长张勇一人是不够的。

打造品质地产，除了严谨、科学的内外部监管，更需要鑫苑每位员工都有一颗品质之心，从心出发，主动、自发地把控品质、追求品质，给自己设置一道品质关，让自己成为最难过的那一关。只有这样，鑫苑所做的项目才能在全国范围内和一个大的时间跨度内保持优秀的品质，并走向卓越。而要做到这些，鑫苑需要一个好的企业文化与机制。这样，哪怕鑫苑的员工以后走上其他公司的工作岗位，也会把鑫苑的品质基因播撒出去。事实上，在业界公认的房地产界人才基地中，鑫苑就是其中之一。

1. 鑫苑品质观远不只是盖好房子

在房子投资属性渐趋弱化的当下，房子的居住功能逐渐被人们重视起来，越来越多的房企加入“品质地产”行列。在行业内深耕了多年的鑫苑，对“品质地产”有着深刻的认识和一套独到的标准。

严密、全周期的产品品质控制，确保了鑫苑项目的建筑质量。但在鑫苑看来，确保建筑质量只是其品质地产体系中最基础的，并且是必须做到的。在建筑质量之上，鑫苑的品质地产已经衍生出更多、更丰富的内涵。

早在 1997 年鑫苑创立之初，鑫苑就提出了“创建美好家园”这一愿景，“美好家园”蕴含了鑫苑对品质的追求。经过 20 多年的发展，鑫苑的业务范围已从过去单一的房地产开发实现了向“一主多辅”（见图 1–9）的升级。鑫苑连续 14 年跻身中国房地产百强企业。随着业务的增加，鑫苑始终秉承的“品质地产”开发建设理念也在升级。

对于鑫苑来说，“品质地产”是贯穿于企业经营始终的理念。在企业经营上，鑫苑没有把利润放在第一位，而是在追求品质、业主满意和社会效益的前提下创造利润。鑫苑向业主交房并不意味着万事大吉、责任结束，而是为业主服务的开始。鑫苑每年都会投入资金，为那些已交付的老项目进行设备维护、苗木更换、铺装更新等品质提升，这种没有收益的投入换来的是业主的满意。

图 1-9 鑫苑“一主多辅”的业务格局

对于鑫苑来说，“品质地产”是扎根于员工意识之中的自律和自觉。从理念培养、制度宣贯到执行打通、考核问责跟进，鑫苑有一整套管控体系，以保证所有的品质要求能够从集团层面一直落实到每个基层作业班组。这一体系贯穿产品定位、设计、建造、销售、交付、维修以及物业管理等全过程，其中的每一个环节都有考核、复盘和评估。鑫苑让重视品质、敬畏品质成为员工意识上的自觉和作业中的习惯。

对于鑫苑来说，“品质地产”是驱动、带动合作伙伴共同提升的力量。鑫苑给合作方设定了严格的考核标准，通过招标规则、合同约定来保证品质标准的落实，而达不到标准的合作方的下一步合作就会受限。反过来，一个对产品有追求、对业主有敬畏的企业，也会感染和影响合作伙伴，带动合作伙伴共同进步。

对于鑫苑来说，“品质地产”是以业主满意度为导向而打造的一种生活方式。通过对建筑品质、科技品质和服务品质的追求，让业主与业主之间、业主与开发商之间、业主与物业服务人员之间、业主与园区的生活配套设施之间形成有机互动，让项目与社区和谐相融，让项目成为城市形象的亮点。

2. 品质的力量之源是鑫苑文化

确立“品质地产”的发展理念容易，但是如何把企业的理念与员工的认识统一起来？如何把自己的理念与合作伙伴的认识统一起来？如何让理念不走样地落实到一线作业人员的行动中去？

鑫苑靠的是企业价值观，靠的是文化力量。与外部管理相比，鑫苑更加相信内在的文化驱动。

市场经济发展到今天，已有无数企业成败的事例证明，企业要想求得更大发展，要想在竞争中立于不败之地，除了要有一支团结、有战斗力的队伍，还必须建立起属于自己的企业文化。企业在发展到一定阶段时，拼的不仅仅是经济实力，还有文化实力。在鑫苑逐步发展壮大的过程中，鑫苑的领导层以国内外著名企业为榜样，与全体员工一道，在追求企业发展进步的同时，着力打造鑫苑的企业文化。

鑫苑的文化是建立在共同愿景上的文化。自创业起，张勇就从未将鑫苑看作自己的私有财产，他很早以前就坚信：如果以一种开放的心态、忘我的境界来从事一项事业，那么鑫苑成长为一家股份制公司是早晚的事情。发展到今天，鑫苑已经不仅仅是哪一个人的鑫苑，更是社会的鑫苑、股东的鑫苑、全体员工的鑫苑。因此，鑫苑提出了“共生共赢，合作分享”的企业文化，建立了全面合伙人制度。企业和员工之间、员工和客户之间、客户和社会之间的共生共赢成为鑫苑的核心文化，这极大地调动了员工的工作热情与积极性。

鑫苑的文化是一种具有强烈使命感的文化。鑫苑将“国际化科技地产生态引领者”作为企业发展的愿景，这意味着鑫苑人必须勇于承担更多的社会责任。为此，鑫苑人把“创建美好家园”作为企业使命，并在新的时代背景下将其升级为“创享智慧城市家园”。这绝不是一句简单的口号，它包含着丰富的内容，它走出了传统的房地产企业建房、卖房的老路，提高了企业发展的目标，也提升了房地产行业的社会价值。

明道之后是优术，在归纳总结发展经验的基础上，鑫苑形成了自成体系的“执行力七种武器”和“职业化五位品格”。

执行力七种武器是“下定决心、锁定目标、实事求是、系统推进、以身作则、简洁高效、确保实现”。在鑫苑位于北京华贸中心的总部办公区墙壁上悬挂着企业文化宣传海报，简洁、醒目，如图 1-10 所示。这 28 个字使鑫苑能有效发挥自身优势，确保战略落到实处。

图 1-10　鑫苑倡导的“执行力七种武器”职场文化

系统推进
鑫苑集团
XINYUAN GROUP

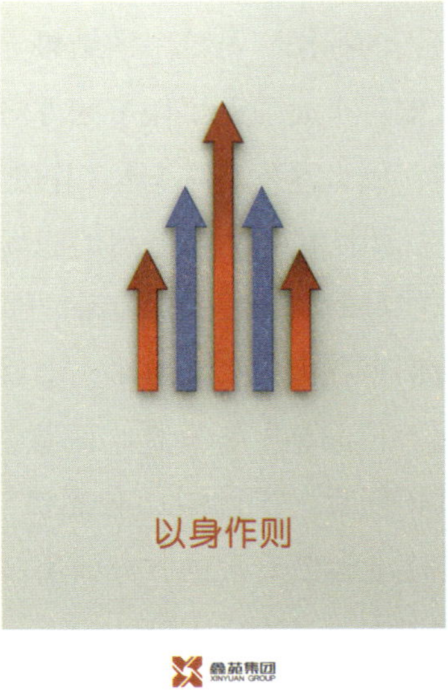
以身作则
鑫苑集团
XINYUAN GROUP

简洁高效
鑫苑集团
XINYUAN GROUP

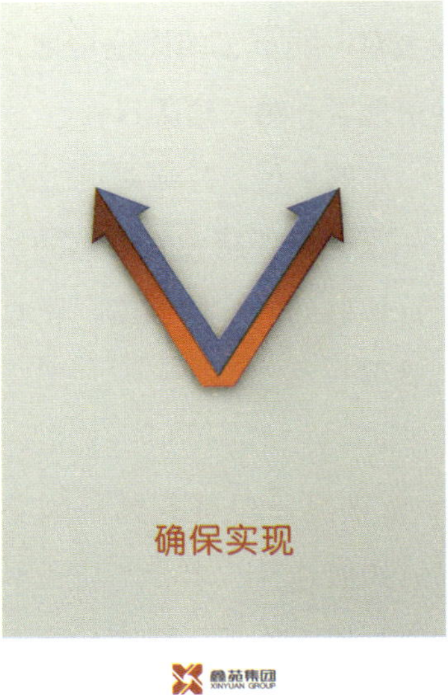
确保实现
鑫苑集团
XINYUAN GROUP

事业成败的关键在于人，鑫苑的“执行力七种武器”就是检验人的标准。与单一的结果导向文化相比，鑫苑的“执行力七种武器”全面强调了做事的方向、方式和方法，具有严谨的内在逻辑，成为鑫苑人的基本工作守则。

团队执行力与公司的职场文化密切相关。企业应该建立充满正能量的职场氛围，确保每位员工都能够“行得端，走得正”。正所谓事在人为，人对了，事就做成了。因此，鑫苑提出了“职业化五位品格”——真心诚意、简单朴素、谦虚谨慎、精进勤勉、开拓创新。“职业化五位品格”是鑫苑职场文化的精髓，贯穿了鑫苑企业运营管理的方方面面，是员工规范职业操守、培养良好道德行为习惯的精神指引。

鑫苑十分重视通过培训来提升员工的品质意识。除了每年定期对各条线的管理人员开展培训、交流和观摩学习之外，鑫苑更看重对一线员工的岗位培训，因为一线员工是公司品质管理制度的落地者和第一道关口。

总的来说，鑫苑对员工的要求是“志存高远、品行兼优”。作为一家有责任感和使命感的房地产企业，多年来，鑫苑在创造企业价值的同时，以诚信、正直的良好形象获得了行业内外的认可与尊重。

3. 坚守品质已成鑫苑基因

如何选择“求变”与“不变”，决定了一家企业的战略方向；如何看待“求变”与“不变”，折射出一家企业的价值观。

随着鑫苑的发展壮大，鑫苑在房地产主业之上派生出了融资代建、产城运营、智慧科技、商业管理和物业管理五大辅业。对于鑫苑来说，面对市场变化，一方面要实行主辅联动，依托五大辅业开拓创新；另一方面要持续立足房地产主业，持续不断地聚焦产品品质。

对品质的信仰和坚持，是鑫苑与生俱来的基因。“高品质”三个字说来容易，但打造一个高品质社区的流程颇长，做起来并不容易。

众所周知，监理机制是保障施工质量的安全阀。一直以来，鑫苑都十分重视监理管理。为了加强和规范项目工程的监理工作，鑫苑依据现行监理相关的法律法规，结合各城市项目监理管理的实际情况，围绕监理目标、过程、活动的跟踪，梳理编制了一套严格的监理单位质量控制工作指南。在这份指南中，鑫苑从项目监理质量控制的关键工作入手，指导项目监理机构在鑫苑质量管控体系下，紧紧抓住工程项目质量运动脉搏和各阶段质量监控重点，有计划、有步骤地开展监理工作，保证鑫苑工程的建造质量。

为了进一步改善业主体验，鑫苑还在项目验收环节下足了功夫。在项目正式交付前，鑫苑会实施三次模拟交房验收。在房屋交付前 45 天，鑫苑会从业主视角组织首次模拟验收，在房屋交付前 15 天进行第二次模拟验收，在房屋交付前 5 天进行第三次模拟验收（这次由区域总经理带队组织交付演练）。如此，从户内地面到外立面线条，从地库综合排布到园林苗木长势等一切都需历经三次检验，确保把高质量的房屋交付给业主。

对于鑫苑来说，成功交付并不意味着任务完成，鑫苑希望构建的是以“客户满意度”为导向的全生命周期品质呵护。

房屋交付连接着物业服务，这一直是考验房地产企业经营理念和服务品质的试金石。值得一提的是，鑫苑旗下的鑫苑物业具有国家一级物业管理资质，是中国物业管理行业的老牌劲旅。目前，鑫苑物业已成为鑫苑面向客户的窗口和服务抓手，确保了鑫苑品质标准从开发建造到物业服务的无缝衔接（见图 1-11）。

图 1-11　鑫苑致力于打造客户满意的品质地产

近年来，鑫苑物业结合信息化技术开展服务升级，创建了包含四大信息化平台的“鑫 E 家”，鑫苑的业主在家里用手机 App（应用程序）就可以享受费用缴纳、报事报修、房产租售等物业服务。不仅如此，鑫苑物业还逐步在各地小区建设线下社区服务中心，与线上 App 一起，形成社区 O2O（线上到线下）服务的闭环，为业主提供丰富多样的便民服务。

物业服务好不好，业主最有发言权。鑫苑常年委托国际权威调查机构盖洛普开展业主满意度调查，根据调查，鑫苑物业不但评分连年上涨，而且已成为备受业主信赖的好伙伴。

对品质的坚守让鑫苑赢得了市场的认可。秉承“品质地产”的开发建设理念，现在的鑫苑已成长为一家颇具实力的全国性房地产企业，连续 14 年跻身中国房地产百强企业。鑫苑在长江三角洲经济圈、环渤海经济圈、珠江三角洲经济圈、中部经济圈、西南经济圈、西北经济圈、中原经济圈等中国具有活力的经济圈均有布局，已在 20 座城市进行了布局。目前，鑫苑已累计开发建设项目超过 60 个，开发面积超过 2 000 万平方米，为 20 多万业主提供了优质居所。

张勇在创业之初提出的“建设美好家园”梦想早已实现，鑫苑现在有了更大的梦想，即成为“国际化科技地产生态引领者”！

第二章　品·筑

第一节 打造品质地产，规划设计先行

2017 年，即鑫苑在美国上市 10 年后，中国房地产开始进入史上最严厉的调控周期，从银根到销售，再从销售到购买，一些史无前例的政策纷纷现身，一些从未进行过政策调控的城市都出现了严厉的“督导”。

一系列调控措施的出台，让房地产市场的发展趋于理性。但不管外部环境如何变化，对房地产企业来说，品质永远都是企业的核心竞争力。企业只要做好产品品质，就能够从容应对环境变化和市场变化，就能赢得客户、赢得市场、赢得竞争。

何为品质地产？在鑫苑的字典里，品质已经远远超出了质量的范畴。事实上，鑫苑从未把自己定位为楼盘的开发商，而是把自己定位为一个整合了多种资源的综合运营商，以满足城市居民需求为导向，建造智慧、立体的生活空间。因此，鑫苑的品质地产涵盖了建筑品质、科技品质、服务品质和生活品质等几大维度。其中，建筑品质被鑫苑视为一家房地产企业必须固守的责任红线。

1. 依托区位优势构建项目价值

要想给业主带来居家生活的满意度和舒适度，以及给物业带来保值增值，项目的精心选址非常重要。鑫苑对于项目的选址向来是近乎执着地优中选优。很多项目在选址时，都会锁定有发展潜力的优质地段。依托区位优势全面构建项目价值，是鑫苑项目选址的重要原则。

以北京为核心的京津冀城市群，是国家区域整体协同发展的引领区。京津冀协同发展这一规划推出以后，京津冀成了吸引投资创业的“磁石”。《北京城市总体规划（2016 年—2035 年）》提出，到 2020 年，北京常住人口规模控制在 2 300 万人以内，2020 年以后长期稳定在这一水平。新的北京城市总体规划设定了人口红线与产业发展边界，这必然有利于京津冀周围区域一体化进程的推进。

目前，政府正在深入推进京津冀协同发展，发挥北京的辐射带动作用，打造以首都为核心的世界级城市群，建立便捷、高效的交通网络。《京津冀协同发展规划纲要》提出打造“三轴”，即京津、京保石、京唐秦三个产业发展带和城镇聚集轴。随着“三轴”不断完善，到 2020 年，将基本实现京津石中心城区与周边城镇 0.5~1 小时通勤圈和京津保 0.5~1 小时交通圈。早在多年前，鑫苑就看到了京津冀的发展潜力，提前布局，目前的业务覆盖北京和天津两座城市。图 2–1 是鑫苑在北京开发的鑫苑 · 鑫都汇项目。

以鑫苑在天津推出的汤泉世家项目（见图 2–2）为例，通州、武清、廊坊占据京津冀发展的重要位置，被称为通武廊“金三角”，而汤泉世家正处在武清的核心区域，所处区域未来发展的主要功能就是分流北京板块功能的外迁与人口外溢。汤泉世家距北

图 2-1　鑫苑在北京开发的鑫苑 · 鑫都汇项目

图 2-2　天津鑫苑汤泉世家项目

京东五环约 50 公里（在京津高速泗村店东出口下高速即到）。汤泉世家周边拥有京津、京津塘、京沪三条高速以及京津城际高铁，人们的出行非常便捷。不仅如此，政府斥资 1 亿元打造的高王快速路已全线通车，直接连起武清和通州。汤泉世家周边有佛罗伦萨小镇、达伦多、威尼都、凯旋王国、创意米兰等商业中心，人们驱车可轻松抵达；汤泉世家周边还有天津市武清区人民医院、天津中医药大学武清中医院等完善的医疗配套体系。

汤泉世家的选址还充分考虑到老人休闲与孩子教育的需求。汤泉世家所处的位置被大黄堡湿地自然保护区、南湖绿博园、京滨玫瑰庄园、北运河郊野公园等包围，其附近拥有龙凤小学、杨村一中、英华国际学校等优质教育资源。

鑫苑的精准卡位，将让汤泉世家的业主享受到京津冀一体化这一最大的利好。“十三五”期间，京津冀将协同发展教育、医疗卫生、养老等社会事业，进一步缩小基本公共服务差距，提升区域基本公共服务均等化水平，促进京津冀一体化发展。相信在未来的几年里，汤泉世家的业主会更加庆幸自己当初做出了正确的选择。

在鑫苑的大本营郑州，鑫苑项目在选址上一直致力于解码郑州的土地价值基因。图 2-3 是郑州鑫苑鑫城，图 2-4 是郑州鑫苑二七鑫中心。

2017 年，国务院印发的《“十三五”现代综合交通运输体系发展规划》明确提出要将郑州建设成为国际性的综合交通枢纽，横穿东西、纵贯南北、内畅外通的“十纵十横”综合运输大通道将全部“取道”郑州。

图 2-3　郑州鑫苑鑫城

图 2-4　郑州鑫苑二七鑫中心

郑州不但现在是中国地理版图上至关重要的枢纽城市，在历史上也是如此。这座城市地处中华腹地，北临黄河，西依嵩山，不仅是华夏文明的重要发祥地之一，也是中华人文始祖轩辕黄帝的故里，还是中国八大古都之一。古时，郑州所在的嵩山地区位于中国东西、南北两条古交通和古文化要道的十字交会处。郑州在水路运输方面具有先天优势，隋唐大运河的通济渠就是在郑州段运河“鸿沟”的基础上进行开凿的。

从1904年火车第一次驶入郑州起，郑州就与铁路结下了深厚的渊源，铁路成了郑州的根。京广、陇海等交通干线通过郑州，形成三纵三横干线框架。郑州一跃成为我国铁路第一大枢纽，被誉为“火车拉来的城市”。经过近一个世纪的发展，郑州已成为中国集铁路港、公路港、航空港、信息港为一体的综合性交通通信枢纽，在中国经济发展格局中具有承东启西、连南贯北的重要作用。

如今，随着国家中心城市的建设，郑州正在成为中国普通铁路和高速铁路网中唯一的“双十字”中心。伴随着全国高速铁路网的建设，以郑州为中心的中原城市群“半小时经济圈”、中原经济区“1小时经济圈”和全国“3小时经济圈”正在形成。从郑州一环到郑州五环的交通非常方便，这得益于郑州交通的全线高速构架。郑州南部新城区的发展尤其令人瞩目，郑州“大三环”圈已全线闭合，南三环高架主线全线贯通。郑州南站的建立，打通了河南省内南部城市的旅客运输。郑州城市半径和交通半径逐渐契合，城市配套设施得以迅速完善。鑫苑开发的大盘——郑州鑫苑国际新城项目（见图2-5）就选址于这个黄金地段。该项目居于城市中轴，郑州地铁 2 号线在此贯穿而过，京广快速路、南三环高架、多个城市主干道在此交会。

图 2-5　郑州鑫苑国际新城售楼处外景

鑫苑还敏锐地注意到，随着郑州人口的增多，郑州城市版图不断扩张，郑州二七新区成为政府重点打造的高端宜居生态文化新城。郑州二七新区连接老城区，南临龙湖镇、航空港，是郑州南进的咽喉地带，交通发达，拥有三纵三横立体交通网络。鑫苑判断，5 年之内，郑州二七新区必从新区变成主市区。因此，鑫苑快速出手，在郑州二七新区嵩山南路与南三环交叉口布下鑫苑名城，郑州地铁 7 号线（规划建设中）和地铁 9 号线（规划建设中）均在此经过。郑州鑫苑名城距离嵩山路地铁口仅 1 公里，而三纵三横的交通立体网纵贯全城，让鑫苑名城的住户出行更加便捷。

在国家政策红利的加持下，郑州在建设国际大都市的道路上快速奔跑，东移北扩、西进南拓，城市格局不断扩大，主城土地稀缺性日益凸显。金水区CBD（中央商务区）作为郑州的经济发展中枢，瞬间成为郑州优越的精华区域，鑫苑当然不会错过这一区域。在这一区域，鑫苑投资开发了郑州鑫苑·金水观城，如图2-6所示。郑州鑫苑·金水观城紧邻郑州地铁1号线、地铁5号线（规划建设中）和地铁6号线（规划建设中），周边有中州大道、未来路、金水路等主干道，交通便利，紧邻金水区CBD，人们可便捷通达郑州东站、郑州站以及郑州新郑国际机场。

图2-6　郑州鑫苑·金水观城售楼处外景

郑州这座有着百年历史的枢纽之城，正在实现华丽转身，而国际化综合交通大枢纽正是郑州发展的引擎。鑫苑正紧扣郑州国家中心城市的发展脉搏，在中国的“铁路心脏”上再造新的城市中心。

再把目光转向我国的西部重镇西安。在“一带一路”倡议的映衬下，依托新亚欧大陆桥经济带“心脏”地位，西安未来将被建设成亚欧合作交流的国际化大都市。鑫苑在市场调研后发现政策利好、规划手笔、经济潜力以及人口规模等因素，让开发商在西安的布局拥有很大的想象空间和广阔的舞台。

西安是中华文明和中华民族的重要发祥地，这个十三朝古都有着 7 000 余年的文明史和 3 000 多年的建城史。作为丝绸之路的起点，西安不仅是中国最大的西部中心城市和内陆开放窗口城市，还是西北生产要素和产业聚集程度最高的城市。随着“一带一路”倡议的实施，西安的区位优势也进一步提升，由内陆腹地升级为向西开放的前沿，并承担起东西双向开放的纽带桥梁作用。

分析了西安的地理、文化与政策优势后，鑫苑凭借百强房地产企业的品牌优势和 20 多年成熟的房地产开发经验，开始在这座古都的版图上深耕细作。

西安鑫苑大都汇（见图 2–7）成为鑫苑拓土西安的第一个项目。该项目包含了 5A[①] 写字楼、高端住宅、精装 SOHO（小型家居办公室）、创意 LOFT（小面积复式公寓）、临街商铺及高端商

① 所谓 5A，是指智能化 5A，包括 OA（办公自动化系统）、CA（通信自动化系统）、FA（消防自动化系统）、SA（安保自动化系统）、BA（楼宇自动控制系统）。

业等多重业态，将生活、购物、美食、休闲、娱乐、时尚、运动、办公等城市功能集于一体，是一座“一站式、全体验”的商业综合体。该项目推出后，获得了市场的高度认可和客户的热情追捧。该项目现已成功交付并投入运营，成为所在区域的城市地标。

图 2-7　西安鑫苑大都汇鸟瞰

西安鑫苑长安世家是鑫苑布局西安的第二个项目。该项目所在的西安航天城是全国最大的民用航天产业基地，拥有助力“神舟五号”载人飞船和“神舟七号”载人飞船遨游太空的产业光环，被称为孕育了中国航天金牌动力的热土。西安航天城具有良好的交通和自然生态环境优势，是西安建设国际化大都市的城市功能承载区和重要辐射地。西安鑫苑长安世家周边交通路网发达，配套设施齐全，毗邻航天城中湖公园及星河运动公园两大都市“绿肺”，拥有优越的自然环境。鑫苑将把这一项目打造成精品。

鑫苑在青岛西海岸新区开发的鑫苑御龙湾也是一个选址极佳的典型（见图 2-8）。2018 年，上合组织峰会后的青岛蒸蒸日上，其地位有了新的变化。以青岛为龙头，山东将围绕着青岛新的战略地位和经济地位做文章，进一步扩大青岛的辐射范围。

图 2-8 青岛鑫苑御龙湾一角

青岛鑫苑御龙湾所在的青岛西海岸新区是国务院批准的第 9 个国家级新区，处于山东半岛蓝色经济区和环渤海经济区内，位于京津冀和长三角两大都市圈之间的核心地带，贯通东西、连接南北，未来将成为青岛新的经济增长点，堪称发展龙头。青岛西海岸新区集聚了青岛经济技术开发区、青岛前湾保税港区、青岛西海岸出口加工区、青岛新技术产业开发试验区、中德生态园、凤凰岛旅游度假区 6 个国家级园区，是全国国家级园区数量最多、功能最全、政策最集中的城区之一。

青岛鑫苑御龙湾位于青岛灵山湾影视文化产业区。在青岛城市新格局中，灵山湾是青岛西部湾区的核心区域，是青岛“三湾三城”全新海湾型城市格局中重要的一环，根据规划将会被建设成世界级“影视名城”“智慧新城”“未来之城”。在青岛西海岸新区已经率先成为“大青岛”规划落地桥头堡的背景下，鑫苑落子此地可谓恰逢其时，其项目增值前景可期。

在西南区域，2018 年开年，鑫苑挺进成都，在成都市郫都区核心区域成功拿下 8 幅地块，这是鑫苑布局成都的又一力作。此前，鑫苑先后打造了成都鑫苑名家和成都鑫苑 · 鑫都汇（见图 2–9）两个项目。

2016 年，国务院批准郫县撤县设区，即郫都区。郫都区成为成都建设国家中心城市重点打造的电子信息和双创产业基地、国际化都市新区。郫都区旧时被称为郫邑，是古蜀文明的重要发源地。作为成都七大卫星城市之一，郫都区恰好承接了成都城西的门户的上好风水，逐渐成为成都的热点居住区域。在成都市西北部的门户位置，鑫苑盖了一座“城”，即堪称蜀都新城顶级项目的成都鑫苑城（见图 2-10）。成都鑫苑城的核心区域占地 301 亩（约 20 万平方米），总建筑面积为 122 万平方米。

图 2-9　成都鑫苑 · 鑫都汇入口

图 2-10　成都鑫苑城入口

成都鑫苑城的区位优势明显，距离郫都区政府约 2 公里。其周边交通路网发达，可便捷通达犀浦高铁站、成都站以及双流国际机场。

成都鑫苑城周边有成熟的商业、生活服务等各类配套资源。成都鑫苑城北侧 2.5 公里处有大型商业广场，南侧及东侧 1 公里范围内分布两座市政公园。在医疗方面，成都鑫苑城 6 公里范围内辐射华西医院上锦分院、郫都区人民医院、郫都区中医院、郫都区妇幼保健院、西南兵工成都医院等。成都鑫苑城周边有高宽创智幼儿园、蒙台梭利幼儿园、郫都区机关幼儿园、郫筒二小、郫都一中、郫都二中等多所教育机构。

百万平方米级的成都鑫苑城以超大体量以及城市综合体的丰富业态，赢得了业内及市场的广泛关注。深谙城市发展和运营之道的鑫苑将助力郫都区的发展，见证成都新城的崛起，同时书写自己深耕巴蜀、建设蓉城的新篇章。

2. 把房子当成精神产品去规划

“精细化管理”“严防金融风险”“科技创新”……当这些词汇成为房地产行业核心竞争力的关键时，任何以人口红利为发展目标的手段都将逐渐失效。十九大报告特别强调，我国社会主要矛盾已经转化为人民日益增长的美好生活需要和不平衡不充分的发展之间的矛盾。

不可否认，消费升级已经来到房地产行业。人们对品质与服务的极致追求，给房地产开发商提出了新的挑战。其实，如何在以人为本的理念下，让项目与社区生活、城市发展相融相生，一直是鑫苑重点关注的发展课题。

鑫苑的项目规划、产品研发与设计不只注重外观，更看重品质的稳定度和客户的认同度。鑫苑考虑的是业主长期居住的感受，而不只是在卖房那一刻业主的短暂认可。所以，鑫苑在项目的规划设计上更强调外观与品质融为一体，注重舒适性和功能性，满足业主在居住体验及精神层面的双重需求。

同时，鑫苑一直认为，好房子应该给业主提供更多的可能性，从两口之家到三口之家，再到五口之家，每套房子都要能够适应家庭成员的变化，满足家庭在每个不同阶段的需求。

不仅如此，鑫苑眼中的好项目在设计阶段就应该考虑到与社区生活、城市发展的融合，在住宅布局以及建筑、道路、园林设计的各个细节上，不但要充分考虑到业主居住体验的安全、方便、舒心，还要充分考虑到项目建设与当地生活方式、地区文化、生态环境、城市发展规划的融合。

中国幅员辽阔、地大物博，有近 300 个地级市，每个城市都有自己独特的文化和与众不同的生活方式。与批量生产的开发商不同，鑫苑的产品在规划设计的各个环节上，都会全面考察地方特色，充分考虑当地居民的生活习惯，让建筑与当地的地理环境、人文历史相融合，把房子从物质层面提升到文化创造和精神审美层面（见图 2–11 和图 2–12）。

以鑫苑在苏州开发的姑苏樾项目为例，从拿地到项目开发，从社区内景观和植被的甄选到产品的细节打造，这些无不体现出浓郁的地域特色。

图 2-11　苏州鑫苑国际城市花园

图 2-12 昆山鑫苑水岸世家

在苏州这片汇聚千年文脉的江南水乡，鑫苑希望它所打造的建筑也可以古韵萦绕，融入千年景观之中。因此，除了白墙青瓦的江南元素，鑫苑姑苏樾专门打造了容积率为 1.3、绿地面积超 50% 的低密度秘境，成为古城难得一见的 6 层纯洋房社区。鑫苑认为，只有在低密度社区才能将更多空间留给阳光与风景，让居者享受四季花开的美好生活，让建筑与设计历经岁月淬炼，透出恒久不息的城市力量。

相比宜居的姑苏樾，鑫苑和万科合作的 SkyPark（空中花园）雲璞项目（见图 2-13）在设计上则结合项目所在地江苏昆山的地域特性，突出国际化与快节奏的都市生活特点。

图 2-13 SkyPark 雲璞是鑫苑在昆山开发的超高层项目

SkyPark 雲璞和上海只隔着一个码头。作为拥有临水景观的超高层建筑，该项目在设计时就被定位为城市上空的美丽风景线，其全玻璃幕墙外立面让业主能一览无遗地在家中欣赏草木葱茏、云天变幻。SkyPark 雲璞采用了纽约、伦敦城市地标豪宅推崇的简约大都会设计，在空间细节上，以未来科技系统营造天幕寰景视野，突出观景感受，让生活所居不仅是舒适的居住形态，更是超前的居住形态。

除此之外，鑫苑在三亚、洛杉矶、马六甲、伦敦……开发的一个又一个项目，都结合了当地的风光民俗，让建筑为城市增光添彩（见图 2-14～图 2-17）。

图 2-14　三亚鑫苑崖洲湾壹号

图 2-15　洛杉矶尔湾壹号

图 2-16　马六甲鑫苑海上花

图 2-17 伦敦金丝雀项目

3. “以设计为主导”把控建筑品质

“品质地产”不是一个炒作概念，而是靠实打实设计、建造出来的。鑫苑的一条原则是“品质为要，设计先行”。楼盘的品质首先要由设计来定位和决定——我要打造一个什么品质的产品。鑫苑在规划设计上进行精准定位，通过后续的施工管控、材料管控和各部门配合对建设过程进行严密把控和落实，打造出内外兼修的品质楼盘，从而赢得市场。

鑫苑注重产品品质的表现之一是“以设计为主导”。其控制产品品质的重要措施之一是，先由设计部从头到尾牵头操盘示范区（售楼处、样板间），打造一个自己的标杆（见图 2-18 ~ 图 2-21），然后大区根据标杆让项目落地。在这个过程中，为了使落地的产品品质更高，鑫苑在原本的全景控制计划基础上又增加了数个分项控制节点。示范区从材料、设计到施工、开放都由设计部进行全盘管控。示范区品质由设计部而不是营销部或成本部去控制，由此可见集团从上到下对品质的重视程度。

图 2-18 郑州鑫苑 · 金水观城售楼处（1）

图 2-19 郑州鑫苑・金水观城售楼处（2）

图 2-20 郑州鑫苑・金水观城售楼处（3）

图 2-21　郑州鑫苑 · 金水观城售楼处（4）

鑫苑在设计上的总体考量是以业主为核心、以人为本，强调用心设计、精心施工、全心维护，让业主买得放心、住得安心、用得舒心。鑫苑认为，真正的品质并不是一味地追求奢华，而是要做到设计价值、销售价值和使用价值的统一。

如何理解设计价值、销售价值和使用价值的统一？好的项目设计要有观赏性，其方案本身也要具备价值，还要做到项目落地之后和设计方案无出入，即一模一样地落地，这是设计的价值所在。销售价值则是通过优化产品设计，让产品本身就具备较强的市场竞争力，让产品不愁卖。使用价值则强调以人为本，主要包括以下两个问题。一是设计是为了创意还是为了生活？二是设计是为了美观还是为了体验？房子毕竟不是一顿饭、一件衣服，房子是一个家庭的重大支出，更是长期消费品。设计师必须设身处地地从业主居住感受的角度出发，问一问自己：如果这个房子是我自己住，我会有什么样的居住体验。

为了实现设计价值、销售价值和使用价值的统一，鑫苑非常重视产品研发。从建筑、户型、景观、精装到园区内的标识标牌，鑫苑都亲自研发。研发的目的就是打造符合鑫苑品质标准的产品，而不是随波逐流。鑫苑要做的是听从客户的意见，以人为本、以业主居住感受为本去做设计，这样才能真正做出让业主满意的高品质项目（见图 2–22 ~ 图 2–24）。

图 2–22　天津汤泉世家样板间（1）

图 2-23　天津汤泉世家样板间（2）

图 2-24　长沙鑫苑木莲世家样板间

以人为本的理念，更多地体现在一些设计细节中。以鑫苑开发的很多全精装交付项目为例，鑫苑在房屋使用的便利性上做了很多精细化的设计，提供了很多更加符合人体工程学的功能。即使是最低配的精装房，鑫苑也会有一些人性化的产品细节设计。比如玄关热感感应灯，业主晚上归家一进门，感应灯就会自动亮起，业主不用摸黑找开关；又如入户门口的置物挂钩（见图 2-25），买了很多东西的主妇可以将物品暂挂一下，可以腾出手来掏钥匙开门；再如玄关柜的 USB（通用串行总线）接口插座、全屋灯光一键控制开关、耗电量极低的小夜灯……这些小的设计细节无不体现了鑫苑以人为本的设计理念。

图 2-25　入户门口的置物挂钩

鑫苑还十分注重产品与行业内外最新理念、发展趋势的有机结合。

从共享公寓、共享办公到共享出行，共享经济无疑是当下最热的“风口”。在颠覆以往商业模式的同时，共享经济给人们的生活带来了极大的便利。与其他很多行业一样，共享概念也开始被房地产行业认知和接纳。

上海有很多年代久远的弄堂，它们大多建于20世纪。就像北京的胡同一样，上海的弄堂是属于一个城市的经典记忆。除了厚重的历史沉淀，很多老弄堂里还有浓浓的市井味。不过，与市井味相伴的通常是局促杂乱的场景：狭小的空间里到处晾晒着衣服被褥，厨房占用了室外公共空间，走廊过道被杂物堆放得拥挤不堪……这些都严重影响了弄堂里居民的生活质量。

为了改变这种状况，上海石库门老弄堂启动了“微更新”，在弄堂的公共区域建造了30平方米的共享客厅，让这里的居民有了宴客和聚会的场所。共享客厅的一楼是厨房区域，并设有桌椅。社区居民可自带食材、餐具，自己下厨，并邀请亲朋好友来聚会、吃饭、聊天，这样便解决了居民因家中局促而无法招待亲友的痛点。共享客厅二楼则是阅读区域。阅读区域中有几个大书架，书架上摆满了各类图书。阅读区域的一侧有一张长桌，可供居民看书读报、开会和举行文化活动。共享理念让上海石库门老弄堂焕发出了新的光彩。

把共享的理念应用到房屋的设计中，不仅节省了空间与成本，还解决了人们生活中的痛点，这是行业发展中宝贵的创新。鑫苑也开始了在这方面的探索。

以郑州鑫苑名城项目为例，设计师针对年轻客群的实际需求，引入了共享理念，在“一室八厅”的青年中心打造了面积达800平方米的共享空间。这里既有洗衣房、书吧、咖啡吧、游戏吧，又有创客会议室、健身房、网吧，为年轻人提供了丰富的休闲娱乐场所。鑫苑希望将鑫苑名城青年中心打造成年轻人比拼创意、激荡梦想的三角地（见图2-26～图2-28）。

图2-26　郑州鑫苑名城青年中心（1）

图 2-27　郑州鑫苑名城青年中心（2）

图 2-28　郑州鑫苑名城青年中心（3）

第二节 好房子的 *N* 条建造标准

对消费者而言，他们在定义一个好的开发商时，不会只看这家企业的规模、市值或总资产，他们更多的会从这家企业曾经做过的项目的口碑中寻找答案。房屋质量的好坏才是消费者最在意的事情。质量是企业立足的根本，一家房地产企业把质量标准定得有多细，它盖的房子通常就有多靠谱。

1. 鑫苑人口袋里有一本"品质圣经"

鑫苑对于建筑质量一直坚持的一条原则就是"看得到的地方有品质，看不到的地方更要有品质"，在细节的把控上尤其如此。

以车库顶板防渗漏处理为例，鑫苑在进行结构板现浇混凝土浇灌时，需要工作人员全程监督，需要将混凝土振捣密实，最后再采用磨压机械收浆找平。不仅如此，车库顶板上部还需再次进行防水层施工处理，以最大限度地保证刚性防水质量。在防水层验收合格后，再进行防水层找平和卷材防水层的施工。在防水层施工完成后，还要进行全面蓄水检验，工序可谓烦琐。但是，20多年来，鑫苑对项目建设过程中的细节都是这么处理的，这已经成为一种工作常识与员工的本能。

也可以说，这是一种传承。

20多年前，在鑫苑初创阶段，工程师出身的董事长张勇亲力亲为，自己拿着盒尺去量楼梯台阶的高度和宽度。创始人在建筑品质上的精益求精和极致追求，给每位员工都带来了潜移默化的影响。

20多年后，鑫苑发展壮大，已成为中国百强房企。除了拥有企业文化与价值观，鑫苑还总结出了自己的方法论，把一套关于好房子的建造标准体系化，形成管理机制。

鑫苑根据全国各地项目建设的实践及技术总结编制了一本《鑫苑集团产品质量标准手册》。为了指导工程建设人员学习和把握鑫苑对产品质量的要求，将鑫苑“品质地产”的发展理念贯彻到每一个人、每一道工序，这本手册从工程质量控制的关键工作入手，指导参与项目的各个部门、单位，要求各个部门、单位在鑫苑的质量管控体系下紧紧抓住工程项目质量脉搏和各阶段质量监控的要点，有计划、有步骤地开展工作，保证工程建造质量。

《鑫苑集团产品质量标准手册》全面、细致。从项目产品设计、过程实施到后期维护，这本手册按专业工种对影响房屋结构安全、使用功能、装饰效果及薄弱环节等突出的质量问题进行了分类归纳，并给出了成熟、可靠的优秀做法和新技术、新工艺，以供项目工程及各参建方推广应用。

这本手册分“住宅”、“别墅”、“商业”和“小区市政配套及园林景观”4个篇章，基本涵盖了鑫苑在国内开发建设的项目业态。每个篇章少则数十页，多则百余页，详细阐释了每个施工环节的质量要求。

仅从下面这个例子中，我们就能看出鑫苑质量管理之细。住宅小区的地下室一般都设有非机动车通道，通道中间是人行台阶，通道两侧是坡道。鑫苑观察到，骑电动车的业主要远远多于骑自行车的业主，而电动车的车身要比自行车的车身宽很多。如果坡道留得比较窄，那么虽然业主推着自行车通过没有问题，但这会给推电动车通行的业主带来很大不便。所以，鑫苑在这本手册中特别要求，要把人行台阶两侧的坡道留得宽一些，并规定了具体标准——每一侧坡道的宽度都不得小于40厘米（见图2-29）。

图2-29　昆山鑫苑·鑫都汇的自行车停车场入口坡道

不仅如此，从混凝土覆盖保湿需要多少天，墙体模板对拉螺栓需要多少道，各种钢筋要怎么捆扎，地下车库防滑车道用什么颜色，到哪种植物在绿化时的收边效果比较好，《鑫苑集团产品质量标准手册》中都有详细规定，可以说基本做到了全覆盖、无死角（见图 2-30）。

图 2-30 昆山鑫苑 · 鑫都汇整洁的地下停车场

以高标准锻造每一个项目，是鑫苑一直坚守的工匠精神，更是鑫苑对每位业主坚定的承诺。对品质精益求精般的坚持，成为鑫苑项目质量最有力的保障。

2. 工人看得懂、用得上的标准才是有效的标准

鑫苑的管理者也意识到，要想贯彻落实《鑫苑集团产品质量标准手册》中的规定并不容易。最大的障碍就是，国内的一线建筑工人多数为进城务工人员，他们未经过专业训练，他们的文化水平也参差不齐，要想让他们掌握这些繁杂的施工质量要求非常困难。那么，如何才能让他们更容易地理解和接受这些规定呢？

对此，鑫苑下了苦功夫。先是将《鑫苑集团产品质量标准手册》根据专业工种对易发质量问题进行了分类归纳，从地基讲起，一直到主体结构、装饰装修、给排水、采暖、通风与空调、电气、智能系统、电梯……贯穿产品定位、设计、建造、销售、交付、维修以及物业管理等全过程，很多问题都是在“看不见的”施工环节中。这本手册非常详细，以图文并茂的形式列出可靠的做法是什么，操作的要点有哪些，一目了然。没有什么经验的工人，也可以“看图说话”。

为了便于一线员工查看手册，鑫苑还把手册加载到了员工的办公软件中，一线员工可以在手机上随时随地调取手册，并对照查看自己的施工是否做到位了（见图 2-31）。

为了真正做到有规必行，鑫苑还将《鑫苑集团产品质量标准手册》作为内部业务培训教材。鑫苑不但要求各区域 / 城市公司必须认真组织学习该手册，还将手册中的规定纳入了施工合同，要求设计单位、施工单位、监理单位、材料供应商等合作单位严格落实。各单位可以在手册的基础上提高标准，但不得擅自降低标准，有令不行、有禁不止的单位将被严肃追责。合作单位如果不按标准执行，则属于违约。这样一来，就没有合作单位愿意冒着如此大的风险“偷工减料”了。

图 2-31　鑫苑员工可以随时随地通过手机查看工程质量管理标准

鑫苑鼓励质量创新，也不断吸收优秀的做法，这样才能保证质量标准的常用常新。鑫苑每年都要结合项目实践及技术总结对《鑫苑集团产品质量标准手册》进行修订，比如，2018 版的手册就在 2017 版手册的基础上，对 23 项做法进行了优化完善，同时新增了 38 项内容。

其实，在品质管理上，鑫苑在全国各地的分支机构都有各自的创新之举。在集团层面，鑫苑采取的管理方法是充分放权、结果控制。各区域公司、合作单位如果有比手册中的规定更好的方案，可以将方案抄报给集团相关部门，集团会组织会审。这极大地鼓励了管理者和一线员工创新工作方法。

比如，山东区域公司在施工阶段自主推行了“三检制度”——自检、互检、交接检。自检是指在项目完成一个阶段动作后，施工队要进行自检；互检是指山东区域公司辖下的几个城市公司互相到对方的项目中进行检查，学习优点，指出缺点；交接检这项制度更为重要，第一道工序如果没有经过第二道工序负责人的交接，则不算完成。这种检查制度很好地保障了项目在施工过程中的品质，并已经在鑫苑各地的项目中得到推广（见图 2-32）。

图 2-32　“三检制度”在鑫苑各地项目中全面推广

用标准铸造品质，将成为房地产行业发展的必由之路。在实现标准化作业，以及防范项目建设中的质量通病和产品缺陷方面，鑫苑已通过全面推进标准化和精细化管理赢得了市场先机。

第三节　成为鑫苑合作伙伴要过三道关

据世界银行研究报告，发展中国家房地产投资对相关产业的乘数效应[①]在2倍以上。

房地产行业一直是众多行业的连接体，它带动了房屋、工业、建筑和商业等行业的发展，产生了巨大的拉动效应：首先是上游的水泥、钢铁等材料供应商，然后是中游的房地产企业，最后是下游的个人客户或企业客户。在这一产业链条中，金融机构、设计监理公司、施工建筑公司、建筑材料公司以及物流中介公司等，都会给产业的中下游提供服务。

现在，房地产行业的产业链条越来越长。相应地，房地产在开发过程中所产生的风险也越来越多，越来越难控制。就算是国内的领先房企，也无法做到杜绝重大施工安全问题。这时，选择

① 乘数效应是一种宏观的经济效应，也是一种宏观经济控制手段，是指经济活动中某一变量的增减所引起的经济总量变化的连锁反应程度。

什么类型的供应商作为合伙人就非常重要了。

这种考量不应单纯包括供应链融资或者成本控制，还要考虑共创共赢的效果，做到“1+1>2”。

1. 能不能“在一起”，先看三观合不合

“如果你们选择了一家对业主、社会和员工负责的企业来合作，那么这家企业也不会亏待你们；如果你们选择了一家唯利是图的企业来合作，那么这样的合作也不会持续太久。”这是鑫苑的工程管理人员常跟外部合作伙伴提及的一句话。

这句话虽然简单朴实，却道出了鑫苑将合作单位视为伙伴，与之共同发展的理念。

在鑫苑看来，产品品质的打造和提升，从来不是开发商自己的事，而是涉及房地产开发链条上的所有单位——设计、供应商、总包、分包、监理、第三方评估、物业……它是这个产业链条上的综合行为，考验的是开发商对产业链条的资源整合能力和管控能力。有了这种能力，大家才会心往一处想，劲往一处使，齐心协力做出高质量的产品；不具备这种能力，大家就会各自为政，得到的就是拼凑在一起的产品，这种产品即使可以做到合格，也难以做到优秀。

为了让合作伙伴和自己“同频”，鑫苑在选择合作伙伴时有三道关。

第一关是价值观。所谓“道不同不相为谋”，鑫苑首先要求合作伙伴与自己的价值观保持一致。对方是以业主满意为出发点，还是想追求利润最大化？是满足于及格达标，还是精益求精？鑫

苑向来以客户为本，追求产品的高品质。如果双方的价值观不同，那么双方肯定无法合作。

第二关是标准关。合作伙伴在承接鑫苑的项目时，要使用哪些人机物料，以及要达到什么样的质量标准，合同中都有明确约定。以材料供应商为例，鑫苑把供应商体系纳入自己的管理体系中，让供应商的体系与自己兼容，而不是让供应商游离在自己的管理体系之外，这样才能形成一个涵盖整个产业链内外的有机品质管控体系，大家才能够做出相同标准的产品（见图 2-33）。

图 2-33　鑫苑将供应商纳入自己的管理体系中

第三关是考核关。围绕施工质量、材料使用、停止点和样板制度执行、第三方实测实量评估结果、第三方交付评估结果等环节，鑫苑给总包单位、分包单位、监理单位等合作伙伴分别制定了一套详细的考核标准。综合考核分数高于考核标准的合作伙伴会受到奖励，达不到考核标准的合作伙伴则会受到处罚，严重者将被列入黑名单，鑫苑将不再与其合作。

这种理念还外化到供应链环节。鑫苑既对供应商做合规性和标准性检查考核，又要求供应商与公司有共同的价值观。这样不仅有助于双方合作的融洽，也能为品质带来最大限度的保证。

2. 合作伙伴眼中的鑫苑是什么样的

在供应商的选择与合作上，鑫苑对合作伙伴的资质提出了较高的要求，对供应商的资源整合能力和管理能力都有清晰化的标准，以确保合作伙伴能够保证工程质量。例如，在建筑商的选择上，鑫苑会优先选择大型国企。目前，鑫苑大多数项目都是和中国建筑集团有限公司合作的。

之所以选择大型国企，除了价值观的相互认同外，鑫苑还有以下几点考虑：第一，大型国企能代表中国建筑行业的较高水平，目前，无论是在公用建筑还是民用建筑领域，“中”字头企业都发挥着领头羊的作用；第二，相比一般的民营企业，“中”字头的大型国企更重视品质；第三，“中”字头的大型国企更有社会责任感，它们更加注重社会影响和客户体验，对于节能、环保和安全等有自己的严格的标准与底线；第四，大型国企在建筑工艺、技术以及品质的研发投入方面，通常要比一般企业多出几倍。

当然，大型国企的优势还不止于此。其实，在国内，整个建筑行业的建造成本是比较透明的。以原材料为例，无论是中小民营企业还是大型国企，材料供应商给出的价格相差并不会太悬殊。但是，首要的一点，因为大型国企拥有规模优势，所以其管理成本就会被摊薄；其次，大型国企还拥有资源优势，其水泥、钢筋、混凝土等资源的储备完全不是中小民营企业所具备的；最后，大型国企具有管理优势，现在各家企业都在向管理要效益，一些中小民营企业无法做到规范管理，它们在履约过程中会产生大量的材料浪费、拆改现象，甚至要将不合格产品拆掉重建，这不仅会无谓地增加成本，也会耽误房地产开发商的工程进度。

当然，相比大型国企，鑫苑如果和中小民营企业合作会更有价格优势，而选择与信誉良好的大型国企合作，也意味着鑫苑在整个项目实施过程中的利润空间被挤压了。但是，鑫苑认为，品质是对客户负责，利润是对自身负责，品质与利润需要保持相对平衡。为股东创造利润是企业的本分，但是如果以牺牲品质为代价去获取利润，就如同搬起石头砸自己的脚。

实际上，与鑫苑合作过的企业，无论是总包单位、分包单位、设计单位还是监理单位，对鑫苑人在项目品质上的“较真”劲头都印象深刻。在这些年的合作中，很多合作伙伴用 6 个字来概括鑫苑：认真、高效、负责。

为郑州鑫苑国际新城（见图 2–34 和图 2–35）和成都鑫苑城提供设计服务的上海柏涛建筑设计咨询有限公司董事、总经理邵鑫就对鑫苑的价值观印象深刻。他说：“这家企业是非常值得我们去合作和尊敬的，在产品把关的环节上，鑫苑做得要比很多开发商好太多了。这是一家具有大价值观的企业，它不是单纯地考虑对自己有利的事，而是非常看重地方政府、开发企业及客户三者间的协同，在合理的范围内追求利润，这恰恰为项目品质提供了保障。”

图 2-34　郑州鑫苑国际新城售楼处（1）

的确如邵鑫所说，鑫苑的很多项目都是从产业和城市的角度出发的。鑫苑并不是单纯地设计一个单盘，因为鑫苑考虑的是系统问题——城市的问题、产业的问题以及与地方政府所需要的发展联动的问题。很多时候，鑫苑赋予了项目一种社会责任感——对外部、对客户、对城市的一种态度。

图 2-35　郑州鑫苑国际新城售楼处（2）

所有高品质地产项目的首要问题是选择。一块地或一个项目面对的资源肯定是有限的，我们遇到的问题也会很多。当遇到问题的时候，我们该优先去保障哪个部分的利益呢？比如，在地方政府、房地产企业和客户之间，房地产企业将项目的品质多提高一点，自身的利润就会少一点；房地产企业在修路、做配套服务时为项目所在的城市多做一点贡献，自身的利润也会少一点。这些都是房地产企业在决策过程中所要面对的取舍问题。所以，在某种程度上，品质源于企业对自身利益的牺牲。如果是单纯逐利的企业，那么它追求的肯定是房子能卖掉就可以了，而鑫苑并不是单纯考虑自己，鑫苑考虑的是既要让客户觉得项目品质好，又要让地方政府真切感受到项目为城市发展做的贡献，鑫苑是在这些基础上追求合理利润的。从这个角度来看，鑫苑追求的品质地产意味着一种均衡，即让地方政府、房地产企业和客户三者之间共生共赢的关系得到平衡。

与鑫苑在成都鑫苑城购物中心项目上开展合作的英国 BDP（欧洲最大的综合性设计机构，全球十大设计事务所之一）也对鑫苑评价颇高。BDP 上海公司总监彼得 · 马歇尔 (Peter Marshall) 认为，鑫苑的项目团队与 BDP 的契合度非常高，两个团队的设计理念和工作理念都很契合。在设计理念上，BDP 是以人为本，强调人性化设计，以创造人性和舒适的生活、工作及娱乐空间为最高信条，在塑造城市空间的同时，改善人们的生活方式和生活品质。在设计理念上，鑫苑也以人为本，强调客户至上、品质至上，希望项目落地后能带给使用者更好的体验。在工作理念上，双方的团队都十分强调对细节和过程的把控，注重设计过程中的每个节点，洞察每个阶段任何一个细部设计的情况，以最高的效率解决出现的问题。在这样的共同理念下，双方合作起来非常愉快。

一个对产品有追求、对业主有敬畏的企业，反过来会感染和影响合作伙伴。对鑫苑来说，打造“品质地产”不只是一种自律自觉的行为，更是一种带动合作伙伴共同提升的力量。理念体系、标准体系加上考核体系，促使鑫苑的合作伙伴把打造优质产品视为一种责任、一种荣誉，而不是把打造优质产品当成一种工作任务。最后，大家一起在鑫苑的平台上共享品质的成就与荣耀。

在鑫苑的价值观里，对品质的追求已不仅仅是对某个项目的要求，还成了鑫苑的核心价值观。鑫苑对品质的追求体现在让房屋回归居住属性和让企业践行社会责任等本源层面。如今，这种价值观正在被越来越多的从业者接受，并潜移默化地对行业产生影响。鑫苑一直有很强的分享精神。企业和员工、员工和客户、客户和社会之间的共生共赢是鑫苑的核心文化，鑫苑会一直进行到底，做到极致。鑫苑也相信，这样的努力一定会开花结果。

第四节 好房子是这样建成的

买房早就成为老百姓的人生大事，但是现在，不少国内三四线城市房屋的单价都已经超过 1 万元，在这种情况下买一套房对普通人而言无疑是非常沉重的负担。房屋的质量直接影响业主的生活质量。作为业主，谁都希望买得放心、住得安心。那么，业主在买房时应如何把好质量关呢？

很多业主都有自己的“撒手锏”。技术派的业主会搜集各种买房、验房攻略；实战派的业主更接地气，会在验房时带上各种专业的小工具，给自己“打气”；自己不愿费神的是甩手派业主，他们往往会请一个专业的验房师陪同。

其实，业主在鑫苑买房，这些“撒手锏”统统派不上用场。在房屋质量把关上，鑫苑采用的是全周期品质管理，鑫苑做到的比业主想到的还多、还全、还周到。

1. 以全周期打造鑫苑品质管理闭环

所谓的全周期品质管理，是指一体化品质管控模式。鑫苑的全周期品质管理包括 7 大环节、40 余项重点工作，它以事前预控风险防范为主，从施工图设计、供应商管理、开工准备、示范区建设、开盘前合规核查、过程实施到后期管理等，覆盖了房屋建造的全过程。

在施工图设计环节，鑫苑便从客户使用、物业管理等视角出发，从设计源头提升产品品质和技术创新力度，让施工图的设计品质更加符合市场需求。作为创造性产品，设计图纸从无到有，难免会出现错漏。如果图纸本身出了问题，那么后期施工肯定会犯错，这是环环相扣的过程。为了从根源上杜绝失误，鑫苑引入了完全独立的第三方审查机构，让其对所有的图纸进行严格审核，以保证图纸的高品质。

在供应商管理环节，鑫苑严控准入门槛，与优秀供应商合作，从材料源头把好品质关。鑫苑在每个月和每个季度都会对合作单位的履约情况进行评估，并将不合格的合作方拉入黑名单。

在开工准备环节，鑫苑项目的工程总监都要组织施工单位、监理单位编制质量管理策划方案，对工程、总包、分包、监理等单位及工作人员进行合同交底，让各方熟悉合同内容，以便更好地履行合同。

在示范区建设、开盘前合规核查、过程质量控制等环节，鑫苑都有更详细的规划。比如，对于售楼处和样板房示范区来说，每到主体结构完成、硬装完成、软装完成、景观完成以及开放前等关键节点，鑫苑项目方都会强制实施停止点品质检查。在首次开盘前，鑫苑的项目营销总监还要组织各相关部门，对楼书、广告宣传、沙盘模型、示范区样板房等进行全面核查。

项目一旦实施，鑫苑的项目工程部会联合监理单位建立现场样板库，验收材料并封样保存，未经验收合格的材料设备一律不得在工程上使用。同时，项目工程部还要打造施工工艺样板和交付样板，从而使项目在整体及细节要求、工艺做法及功能设施上达到统一的质量标准。

最后，鑫苑还会全面检验项目的设计及施工质量，组织竣工验收、交付前综合评估和物业移交验收等，在终端把好品质关（见图 2–36）。

图 2–36　鑫苑的品质监管人员对施工质量进行查验和观摩

在项目完成并交付给业主之后，鑫苑还要组织一次房屋交付后评估和交付满意度调查。调查时间选在房屋交付后的一个月左右，调查范围是项目开发建设的整个过程。通过这个调查，鑫苑可以收集和总结好的经验，正视并改进不足，以便进一步提升后续产品品质。

在长期的实践中，对品质的追求已经内化为鑫苑的基因。鑫苑对于品质的全生命周期管理形成了一个闭环，而且这个闭环管理的着力点是站在业主的角度考虑问题。虽然房地产行业本身有规范、有标准，但是这些规范和标准的出发点大多是不出风险、排查隐患，而较少设定事关业主居住舒适性的指标，因此这样的规范和标准未必能够全面涵盖和反映业主的真实需求。鑫苑的全生命周期管理恰恰满足了业主的这部分需求。

随着房地产市场走向成熟、理性，房屋也逐步回归居住属性。“房子是用来住的”，如何建造更安全、更好住的房子是摆在全国开发商面前的首要课题。鑫苑通过全生命周期管理，对项目品质进行了严密的把控。业主想得到、想不到的质量问题，鑫苑都想到了；业主看得见、看不见的建造细节，鑫苑都帮业主把控好了。各种大小质量问题在鑫苑项目中都无所遁形，鑫苑确保及时发现问题，及时纠正问题，不留隐患。

2. 以新技术提升鑫苑品质标准

除了构建全生命周期品质一体化管控模式，鑫苑还致力于运用建筑行业的新技术来提升品质和效率。

如今，随着新材料、新技术、新工艺、新产品和新设备的不断涌现，在房地产行业，越来越多的新技术和管理手段不断得到发展应用。对于行业内的科技应用动向，鑫苑一直密切关注，并结合鑫苑总体发展及项目工程建设需要，对建筑业的科技成果进行系统总结并加以改进。2018 年，鑫苑还在历年跟踪行业科技成果并实际应用的基础上，围绕 16 项核心工法及 23 项“特种武器”系统推出了可以提升效率、提升品质且符合节能环保趋势的“鑫苑地产建造新体系 V1.0”以供各地项目结合实际情况使用。

以新技术应用为例，如今，业主对住宅的安全性、智能化、舒适性和节能的要求越来越高，这在一定程度上使得建筑的机电系统越来越复杂。建筑的机电系统全部是由管线将功能设备连接而成的。在机电施工过程中，暖通、给排水、消防、强弱电等各种管线错综复杂，线路密集交错，如果在建筑的某些平面或立面位置上产生交叉、重叠，无法按施工图作业或施工顺序倒置，就会造成返工，甚至导致设计方案的重新修改，既浪费材料，又延误工期。

为了提高建筑中管线布局的合理性，鑫苑在成都鑫苑 · 鑫都汇、郑州国际新城等多个项目中全面应用了 BIM（建筑信息化模型）管线综合技术，这一技术可以在项目开工前进行虚拟管线优化排布，令管线管路和设备整体布局有序、合理、美观，并最大限度地提高建筑的使用空间（见图 2–37）。

随着社会节能环保意识的提高，节能材料在建筑工程中的使用也越来越普遍，取代传统黏土砖的新型墙体材料出现了前所未有的发展势头。其中，BIM 轻集料连锁砌块进入了房地产企业的视野。

图 2-37　鑫苑项目的管线设备布局

BIM 轻集料连锁砌块是由轻集料混凝土经振动、压制、蒸汽养护成型，有榫头和榫槽的小型空心连锁砌块，用于建筑物非承重墙。这种材料质量轻、强度高、保温隔热和抗震性能好，操作简便，能提高工效，成为取代普通砌块的最具发展前途的新型墙体材料。由于砌块之间通过榫头和榫槽环环相扣，所以墙体的稳定性得到了提高；而且，线管可以随着砌块埋入墙体，减少了二次剔凿。用 BIM 轻集料连锁砌块砌筑的墙体，还可以直接刮粉和刷石膏，省去了墙体抹灰的环节，简化了砌筑工艺，避免空墙体抹灰空鼓、开裂，并能有效缩短工期，降低成本。现在，这种材料已在鑫苑的多地项目中得到广泛应用。

再如，一种科技感十足的新材料——自愈合密实混凝土也被鑫苑列入科技应用推广计划。自愈合密实混凝土是模仿动物的组织结构受创伤后的再生、恢复机理，采用修复胶黏剂和混凝土材料相复合的一种新型材料，对材料的损伤破坏具有自修复和再生功能。在基础底板、屋面板混凝土浇筑阶段，建筑工人会在混凝土结构上加入特有的自愈合防水结晶胶凝材料。这种材料能够在水的作用下，不断与混凝土中的水泥颗粒产生水合反应，促进水泥产生大量不溶于水且具有生命力的晶体，将混凝土原有的结构缝隙通通填满，从源头结构上让地面、墙体变得更加坚固、密不透水，再也不用担心因为地面、墙体老化而带来的各种渗水问题，同时还可以加快工程进度，减少劳动量。

业主查看房屋质量，通常看的只是外观：这里有没有开裂，那里有没有空鼓。其实，此类观感上的问题往往是小问题，看不见的地方却可能隐藏着大问题。而新材料、新工艺带来的施工规范化，解决的正是房屋的内在品质问题。材料和工艺上的科技创新让看得到的地方有品质，让看不到的地方更有品质。

3. 以技术管理输出打造鑫苑新业态

过去，在经济快速发展、货币政策宽松及房屋需求旺盛的背景下，房地产市场快速成长。但随着行业内外环境变化、房企竞争加剧以及专业化的发展，房地产行业进入了转型发展的新时期。以轻资产为主要运营模式的代建，已经成为众多房企多元化的选择。

近年来，部分中小房地产企业面临的市场环境日益严峻，尽管它们持有土地储备，但这些土地储备通常体量小而且分散，加上它们缺乏专业的操盘能力以及充足的资金来源，一旦在它们开发过程中出现技术失误，就会导致项目搁浅，甚至导致项目根本无法启动。这些庞大的资产是中国房地产存量市场的重要组成部分。对于鑫苑来说，这里面蕴藏的机会巨大。

从最初的政府公共项目的代建，到实施全过程标准化管控的商业项目代建，再到引入资本市场力量的资本代建，房地产代建行业经历了不同的发展阶段。

现在，从行业龙头到区域性标杆企业，众多房企都纷纷进入代建市场。据《中国房地产代建行业发展蓝皮书》统计，到 2030 年，在房地产成交总额中，代建项目的比重将达到 10%。也就是说，将来市场上每成交 10 套房子，就有 1 套房子属于代建项目。

而近 3 年，房地产代建累计合约总建筑面积已超过 7 000 万平方米，净利润率水平持续高于 20%，年销售额逼近千亿元。据权威机构预测，2017—2020 年各类房产需求面积将超过 70 亿平方米，根据 2010—2016 年房地产代建累计合约总建筑面积 19.8% 的复合增长率估算，房地产代建累计合约总建筑面积占比将达 2.7%。换言之，2017—2020 年代建市场规模总量将超过 1.7 亿平方米。

代建模式的普及是房地产市场专业化、精细化发展孕育出来的果实。在这样一个万亿级规模的蓝海市场里，各开发商都试图分一杯羹。鑫苑的全周期品质管理经验、品牌价值和市场影响力为鑫苑进入代建市场和输出软实力创造了水到渠成的条件。

鑫苑通过品牌和管理的输出为合作方提供专业的资产管理和运营解决方案，将合作方的土地和项目资产盘活，使其重新进入周转和流通环节，产生利润和价值。同时，盘活后的项目可以增加鑫苑自身的土地储备，形成双赢的局面。

为此，鑫苑成立了全资子公司鑫岩资管，希望通过品牌输出、资金输出和管理输出，为鑫苑开启融资代建的业务蓝图，使其迅速成长为新的利润增长点。

融资代建和投资基金是鑫岩资管的两大抓手。在融资代建领域，鑫岩资管可为项目提供全程代建管理服务，同时可根据委托方需要提供开发资金支持。

在房地产的产业链条上，投资与开发分离，开发与运营分离，专业化细分成为一种趋势。深度专业化是国内房地产发展优化的必然结果。鑫岩资管可根据委托方的开发需求，为委托方提供部分或者全程设计、开发、管理及服务，帮助委托方打造优质的房地产配套和服务。

房地产行业本身是一个具有金融属性的“制造业”，融资成本是核心竞争力。鑫岩资管目前已与信业山高基金、华融国际、华融各地分公司、中投保、鼎信长城等建立合作关系，可全力协助委托项目推进融资。

更重要的是，在整个融资代建的过程中，委托方可以通过鑫苑自主开发的管理平台进行全程透明监督管理，最终实现协助委托方管理水平提升和项目开发增值，达到双赢。

品牌、管理、团队、资源等一系列优势是鑫岩资管寻求高层次委托方的重要砝码。据不完全统计，鑫岩资管从 2017 年 10 月开始开展代建业务，到 2018 年上半年，已经累计储备货值约 400 亿元，实现了从 0 到 1 的跨越。目前，鑫岩资管已签约并接管广州环球梦大厦（见图 2–38）、郑州德润黄金海岸等多个代建项目。

图 2-38　由鑫岩资管代建的广州环球梦大厦项目（效果图）

在广州环球梦项目中，鑫岩资管打破传统收购模式，通过融资代建模式成功取得了该项目的开发权益。在郑州德润黄金海岸项目中，鑫岩资管通过创新小股操盘模式实现了股东收益和代建收益的双重效益。郑州巩义青龙山项目则是鑫岩资管精耕细作的经典项目，定位为旅游、文化、养老、医疗综合体，涵盖别墅、洋房、商业等产品。

这些项目的落地，标志着市场对鑫苑品牌的肯定和对鑫苑品质的信赖。在投资拿地、开发以及运营分工更加仔细与明确的今天，鑫苑必将以其专业化的代建水平，强化品牌输出与管理服务，丰富发展方向，抢占市场高地。鑫苑将把自己 20 多年来积累的无形资产——海外上市公司的信用、连续 14 年跻身百强房企的实力和管理能力——转化为市场竞争力，在融资代建领域开拓出一片新天地。

4. 火眼金睛的质检官是怎样练成的

工程管理人员是项目品质的重要把关人，也是安全施工的有力保障。对他们的重视与培养一直是鑫苑打造品质地产的有力保障之一。不同于其他同行，鑫苑在培养工程管理人员时很少纸上谈兵，而是让他们到项目工地，在各种对施工细节的检查和探究中接受实战的锻炼。

在鑫苑的工地上，各种监督检查随时都在发生，堪称“人来人往”。工程管理人员要对项目完成自检、复检、交叉检、城市公司联检、总部抽检等流程。而做这些检查的周期则包括日检、周检、月检、季度检等。

不仅如此，鑫苑还会定期召开质量分析会和观摩交流会，针对品质问题现场办公，就地解决。在质量分析会和观摩交流会上，鑫苑各地的工程管理人员与外部合作伙伴齐聚一堂，对工程质量和工程管理经验进行充分的交流与分析，大家畅所欲言，分享各自在品质管理上的经验和成绩，同时也不留情面地指出各自存在的不足，让每位参加者都能得到实实在在的收获。

2018 年 8 月，鑫苑就召开了一场年中工程管理经验交流暨现场质量观摩会（见图 2-39），来自集团总部、分公司及施工总承包商、精装及园林专业分包商、监理等单位的 200 余人齐聚长沙，总结和分享 2018 年上半年的工程管理经验。鑫苑在长沙、济南、郑州和昆山四地的项目管理团队带来了各自最新的品质管理经验。

图 2-39　鑫苑经常举办各地项目的管理经验交流活动

其中，在建的长沙芙蓉鑫家项目是鑫苑在长沙的标杆项目之一，从开工到现在共接受了 4 次集团的评估检查，其中连续两次获得集团第一名。长沙芙蓉鑫家项目团队在质量管理上十分注重品质管理团队的互相赋能、相互补位，定期举行项目专题会议和进行培训学习，由专业工程师讲解本专业的知识，让其他专业的工程师对项目的整体运转有更深入的了解。同时，项目之间也经常互通有无：芙蓉鑫家项目团队到鑫苑在长沙的另一个项目木莲世家学习抹灰质量控制，木莲世家则到芙蓉鑫家来学习主体色实测数据控制。大家都把对方的长处学到手，共同提升。

济南鑫苑世家公馆项目（见图 2–40）是鑫苑采用装配式建筑技术的代表项目。装配式建筑技术是国家近年来大力鼓励发展的建筑技术。在鑫苑开发的济南鑫苑世家公馆二期工程中，有两栋楼是目前济南市采用装配式技术整体装配率最高的单体工程，装

图 2–40　济南鑫苑世家公馆大量采用了装配式施工技术

配率达58%。济南鑫苑世家公馆项目团队不仅吸引力了很多同行去参观学习，还吸引了全国多地建设委员会、质监站等政府管理部门前来观摩交流。

郑州国际新城项目团队分享了他们的实测质量管理经验。在2018年上半年的集团质量排名中，郑州国际新城三期的一个项目名列第一，二季度实测值更是取得了98分的高分。他们的经验是：在质量管理策划阶段，便与总包单位一起定下目标，即这个项目到底想做成什么样子，怎么干才能干好。他们在目标之下做好质量管理策划方案，标准清晰，责任明确，提前对各阶段的质量管控重点进行规划，步步细化，层层落实，最后实现目标。

“质量无须惊人之举。”这是著名质量管理专家爱德华兹·戴明博士说过的一句颇富哲理的名言。只要以客户为立足点和出发点，系统、持久地将品质理念和规则付诸行动，就一定能在质量管理上取得突破。鑫苑是这么想的，也是这么做的。

5. 每栋楼、每套房都经过层层把关

不了解建筑行业的人通常会认为，施工查验就是看看实体建筑是否满足设计图纸的要求。其实这只是基本功夫，在通往品质地产的路上，只有这些基本功夫远远不够。

鑫苑对建筑品质的追求有多高、多细、多严呢？撇开强大的监管体系和上千页的规章制度不谈，单从鑫苑内部众多的各类检查，就可以感受一二。

在鑫苑的工地上，每天都在进行自检、复检和交叉检等各种形式的质检。每一栋楼、每一套房都是经过层层把关，才最终以

完美的面貌交付到业主手中的。

例如，在实际施工中，一道工序结束后，要由操作者按照质量标准，对本道工序的工艺质量进行检查。经班组长验收后，方可继续进行施工。这种强化的自检，有助于及时发现并处理问题，将问题消灭在初始阶段。在自检的基础上，鑫苑还要求员工进行互检，即由班组质量员对照质量标准对本班组的质量进行检查。各班组进行互检，并对存在的问题及时汇报处理。若这一工序的质量不合格，施工人员就不能进行下一道工序。除了自检、互检，施工技术人员还要组织本道工序及下道工序的作业班长和专职质量员参加检查验收。这种检查验收是实名制的，班组长、操作人员及各级验收人员都要签名，这样做的好处是，一旦发现问题，可以马上追溯到责任人（见图 2-41）。

图 2-41　鑫苑工地上每天都有各种检查来严把质量关

除了每天的日常巡检，鑫苑的各项目部每周还要开展一次“一查一审”。“一查”是对在建工程的进场材料、质量、安全文明施工、成品保护、工程技术资料以及是否按图施工进行检查，及时纠偏。“一审”是设计部、工程部、施工单位及监理单位一起熟悉施工图纸，及时解决设计品质类问题。

每月末，鑫苑的区域运营工程部都要对辖区在建项目开展一次质量安全联合检查和履职履约考评，责令有关单位整改发现的问题，并及时兑现奖惩。

在每个季度的最后一个月，鑫苑的项目工程部会组织各部门对施工质量、设计缺陷、报规图、施工图、销售合同附图相符性、销售承诺兑现等情况进一次全面核查。同时，集团在每个季度还会开展一次第三方实测实量综合评估考核，分析并发布综合评估报告，对项目品质进行监督。

在工程实施过程的重要部位、关键工序、薄弱环节及质量短板项，鑫苑还会进行强制性的“停止点检查”。所谓“停止点”，就是没有经过检查不得进行下一步施工的控制节点。工程进展到了这些节点，必须进行“停止点检查”，不得将问题带到后续施工环节。

然而，这里还不是工程质量检查的终点，鑫苑在房屋的交付和验收环节的评估中也下了苦功夫。在项目交付前 6 个月，项目方必须拿出交付策划方案，其中包含交付流程、交付包装、交付的维保等各种服务细节；在项目交付前 60 天，验收小组会对每户及公共区域的观感质量和使用功能进行验收；在项目交付前 45 天，鑫苑要开展一次品质风险及合规联合大检查；在项目交付前 15 天，鑫苑还要从客户收楼和使用角度对室内、公区、电梯、机电、智能化、外立面、园林景观等进行第三方综合评估，确保将零缺陷的产品交付给客户。

如此，从户内地面到外立面线条，从地库综合排布到园林苗木长势……都需要历经多次检验，确保交付业主高质量的房屋。由一道道“关口”构成的检查体系，确保了鑫苑项目品质始终处于全程可控的状态，是鑫苑项目整体质量和客户满意度不断提升的有力保障，并最终使项目工程质量达到“零检品质”的目标。

6. 磨细节是鑫苑人的拿手好戏

中国的房地产市场已发展了 20 多年，市场和业主都已经比较成熟。早期，房地产设计追求视觉上气派、有面子，即看起来好。但近 10 年来，房地产设计开始越来越追求居住、生活的本质，越来越关注产品的使用舒适度，即用起来好。鑫苑在和设计者、建造者合作时，更多的是考虑业主长期居住的感受，而不只是在卖房那一刻让业主觉得房子很漂亮。

也因为如此，鑫苑对细节的追求近乎苛刻。以郑州国际新城三期为例，这是鑫苑和上海柏涛建筑设计咨询有限公司合作设计的第一个项目。虽然这个项目不是最高端的项目，但针对一个户型设计，鑫苑会要求设计师团队做十几版甚至几十版的方案，反复推敲，把面宽和进深精化到厘米级，把产品做到极致。鑫苑会执着于探究哪怕是 100 毫米墙体差异给未来客户的居住感受带来的微妙变化。凭借上海柏涛建筑设计团队精细化的设计能力和鑫苑上上下下的把控，最后我们得出了一个在郑州市场上反响非常好的住宅产品。

鑫苑对品质的要求，就是这样细化到每一块铺砖、每一个接缝、每一处打胶、每一个层面灯光的对称性……连什么样的绿化苗木该剪成多少枝，都有清楚的要求，不然就无法呈现出最佳效果（见图 2-42）。在鑫苑，类似这种对品质细节的追求不胜枚举。

雨水井、污水井、天然气井、电路井……很多小区的道路上都会有各种井盖，但在鑫苑小区的道路上是很少见到井盖的，因为鑫苑在项目设计阶段就对市政管线进行反复核图，避免行车路面上有井盖。对于路面以外的井盖设施，鑫苑还会进行植草或美化处理，让井盖完美融入周边环境。

图 2-42 鑫苑项目对绿化、园景的处理都有细化要求

现在很多小区内的绿地和园林都是开放式的，草坪与小区铺装路面连在一起。物业管理人员在冲洗路面的时候，难免会把草坪中的土冲出来。当物业管理人员在浇灌草坪时，草坪上的水也难免会流到路上。鑫苑的项目会在草坪跟铺装路面之间用鹅卵石或 3D（三维）不锈钢条加装一条隔离带，这样既保证了路面的整洁，又能防止草坪水土流失（见图 2-43）。

图 2-43　绿地与道路之间的隔离带让路面更加整洁

一些小区的公用地下室给人留下的多是压抑、脏乱的感觉，各种管线高低不齐，交叉纵横，但鑫苑项目的地下室，管线全部整齐有序，赏心悦目。地下室的电梯厅、地面等也都做过二次装修，布置合理、整洁（见图 2-44）。

图 2-44 整洁有序的地下室

有时鑫苑项目对细节的要求甚至有些“强迫症”的味道。所有公共区域不能看到任何电线，比如应急灯，甩接电线不允许外露，所有线头全部固定在墙里，无法从外面看到（见图 2-45）；所有的隐藏灯都要和外墙齐平，不能凹进去也不能凸出来；地库里的灯具、消防设备也要擦拭得干干净净。

图 2-45 公共空间不能有任何电线外露

其实，所有这些细节，不做也可以，因为并没有行业强制规范和标准，一般的业主也不太会关注到或者强求这些，但鑫苑对品质的管理是一种精神、一种文化、一种追求。鑫苑认为，企业如果没有这种精神、这种文化、这种追求，那么只能做出合格的产品，而做不出优秀的产品，做不出走心的产品。

细节虽然不太起眼，但常常能给人以震撼，这其中蕴含着的就是鑫苑对品质精益求精的追求。实际上，这种对细节的探究过程，就是深度理解客户居住体验的过程。在各个项目中，鑫苑一直很认真地去研究一些看上去不明显但对客户来说又很重要的细节。现在，不少房地产企业讲求快、高周转，但鑫苑在细节上很坚持，其一道道审批工序也很严格。鑫苑相信，好的产品都是靠打磨出来的，而不是用刀切出来的。这个磨的过程，也是鑫苑和合作伙伴建立共同价值观的过程。

第五节 鑫苑的品质大考有多严

为了带给业主最贴心的体验，从房屋建造、销售到交付，鑫苑在理念、制度、流程和管理上都制定了一整套规范化的标准，并引入第三方机构对项目进行多个维度的评估及调查。在这一过程中，踩到品质红线的人，不管级别有多高，都会随时下课。

在房屋建造环节，有一项评估至关重要，那就是第三方实测实量质量综合评估考核。

1. 堪比“高考”的第三方实测实量

在鑫苑，第三方实测实量的重要性和严肃性堪比“高考”，因此，它也被形象地称为“大考”。不管是甲方项目部、监理单位还是施工方，对此都不敢怠慢。

第三方实测实量是建筑行业加强工程管理并确保工程质量的一种重要手段。在施工过程中，鑫苑运营工程部连同第三方专业机构，会针对每个施工节点进行实测实量和现场检查，多维度对施工过程的现场管理水平和风险进行评估打分，提出改进意见，以提升工程品质。

非专业人士可能会提出这样的疑问：为什么要开展实测实量？这是因为，考察建筑质量不能只凭观感，必须要用数据说话。墙柱的垂直度、地面的平整度、楼板的厚度、门框的正/侧垂直度、墙砖的立面垂直度、阴阳角方正度……所有这些都要通过严格的实地测量得到量化的数据，只有这样，才能进行客观评估。

为什么要引入第三方？因为对于一个项目方来说，第三方的介入，除了能带来更大的品质督导压力之外，还能带来同行的优秀做法，这是一条确保工程质量和提升管理水平的有效路径。正因如此，恪守“品质地产”发展理念，视建筑质量、业主满意度为生命的鑫苑在自身既有的品质监控体系之外，引入了第三方专业机构，对旗下项目质量开展实测实量。

通过现场测试和丈量，工程师能得到真实反映工程质量的数据，以更客观、定量的方式，对项目的工艺工法、技术指标进行品质评估，增强工程品质的稳定性，实现施工全过程的精细化管理，从而增强企业的核心竞争力。

鑫苑开展的第三方实测实量坚持随机、真实和可追溯等几大原则，注重实际效果，不走过场。所谓随机，是指取样测量的楼栋、楼层、房间、测点等，都是结合施工进度随机抽取的，抽到哪套就测哪套。为了确保检测结果的真实性，防止施工单位片面提高实测提标，过度修补或做表面文章，鑫苑要求在实测取点时规避相应部位，并对修补方案的合理性进行检查。对实测实量的房号、楼栋号等，还要做好书面记录并存档，以保证结果可查、可追溯（见图 2-46）。

图 2-46　第三方实测实量是品质监管的有力工具

为了防止可能出现的作弊行为，鑫苑还给被检测的项目方划定了 5 条不能踩的“红线”，具体包括：给检测人员送礼；不允许检测人员检查某些区域；对现场进度和状态有漏报、隐瞒；有妨碍检测人员工作的行为；未在规定时间内回复整改情况。“踩红线”的行为一经发现，评估组会第一时间上报集团并拍照留底，同时在评定时予以扣分。

鑫苑不但对实测实量的过程“来实的”，对检测结果更是“实打实”——评估结果与工程款和员工收入挂钩。在实测实量的“大考”中，如果“考”得好，项目团队得到的是通报表扬、过程奖励与年终奖奖励；如果“考”得不好，项目团队得到的则是通报批评、经济处罚、扣减工资，甚至相关责任人被免职。

在严格的质量管控体系下，鑫苑项目的品质不断提升，实测实量的平均得分这几年来每年都稳步提升，一些项目的得分已与行业标杆值齐平。但鑫苑对品质的追求并未就此止步，正在朝着超越行业标杆值的更高分数努力。

以高标准锻造每一个项目，是鑫苑一直坚守的工匠精神，更是鑫苑对每位业主坚定的承诺。对品质精益求精般的坚持，成为鑫苑项目质量最有力的保障。

2. 以重奖重罚维护品质标准权威性

俗话说：“赏罚不明，百事不成；赏罚若明，四方可行。”再严格的管理制度，如果没有配套的考核奖惩机制配合，也会沦为摆设。

为此，鑫苑专门制定了《产品品质管理奖惩制度》，围绕项目检查产品品质问题整改、季度第三方实测实量过程质量评估结果、项目交付前第三方交付评估结果、工程材料管理、停止点及样板制度执行、安全文明管理、技术创新激励等品质管理重要工作和关键指标，制定考核细则，出台了通报奖励 / 处罚、经济奖励 / 处罚、行政奖励 / 处罚三级奖惩标准，奖优罚劣，强化品质意识，确保品质目标的达成。

在处罚细则中，有一项硬性规定：年度内发生重大及以上质量（安全）事故、火灾事故、因重大质量安全问题引起业主群体投诉的，发生其中任意一项，在工程质量安全管理考核中除了扣减考核分数外，还要扣掉全部年度奖金。这一规定使得鑫苑各项目团队尤其重视安全教育和管理（见图 2-47）。

图 2-47　工地安全教育是避免安全事故的必修课

在奖励细则中，一向重视新技术应用的鑫苑，特别设置了一项“技术创新激励”，用以鼓励各城市 / 区域公司及项目团队积极组织研究和总结编制新技术、新工艺工法和操作标准。其中规定，申请并获得专利的可获得 10 万元 / 项的奖励。

奖罚分明的品质建设制度，让重视品质、敬畏品质的意识深深扎根于员工的头脑之中，让重视品质、敬畏品质成为每一位员工作业中的习惯。对产品的执着和对客户的尊重，共同构成了鑫苑“品质地产”战略的内在逻辑，进而成为鑫苑在市场竞争中胜出的王牌。

确立“品质地产”的发展理念容易，但是如何把企业的理念与员工的认识统一起来？如何把自己的理念与合作伙伴的认识统一起来？如何让理念不走样地落实到一线作业人员的行为方式中去？

鑫苑总结的经验就是：从理念培养、制度宣贯到执行打通、考核问责跟进，都需要一整套管控体系。这个体系可以保证所有的品质要求能够从集团层面一直落实到每个基层作业班组，贯穿产品定位、设计、建造、销售、交付、维修以及物业管理等全过程，每一个环节都有考核、复盘和评估，让重视品质、敬畏品质成为员工意识上的自觉和作业中的习惯。

鑫苑的品质监管体系并不是从咨询公司咨询出来的，而是从多年来摸爬滚打的经验教训中总结出来的，这些东西都是鑫苑固有的。鑫苑不模仿别人，别人也模仿不了。

第六节 鑫苑工地上的“黑科技”

金融科技、生物科技和医疗科技等创新解决方案不断推陈出新，大规模地颠覆各种传统行业的原生态。作为全球资产规模最大的类别，房地产行业也无法躲避科技带给行业的冲击和改变。现在，房地产开发商已经日渐意识到，科技不仅可以取代琐碎的文书工作和过时的系统，精简业务流程，提高效率，还可以颠覆工地的作业方式与方法。

随着科技的快速发展，房地产行业在不久的将来甚至可能全面迈向自动化。整个产业链也将需要不断契合时势，通过提升科技应用水平来维持竞争优势。在科技创新的实现路径上，鑫苑的动作都是围绕着“品质”二字进行的。比如，在施工管理上的科技创新，鑫苑充分利用信息和网络技术，对施工质量、进度、安全等方面进行精细化管理。

工地施工、管理与科技应用是一项系统、复杂的工作，是一家企业实力的体现。不夸张地说，从一个项目工地管理水平的高低和科技水平的高低，就能看出这个项目的工程质量和项目品质的好坏。

你能想象吗？在科技助力下，现在的工地已经长出了“千里眼”“顺风耳”“如来手”。以互联网+、物联网、大数据和云计算等高科技为依托的“智慧工地”时代已经到来，这让工地环保化、数字化、精细化和智能化成为可能。

1. 绿色施工让工地干净得不像工地

你印象中的工地是什么样的？是杂乱无章，噪声难忍，尘土飞扬吗？其实，近年来，随着施工技术和工地管理水平的不断提升，国内大中型房企的工地早已旧貌换新颜。特别是在一些文明施工和标杆项目的工地上，整洁的程度已超出我们的想象。

在鑫苑的项目工地上，早就没有了工地扬尘的景象。路面硬化、堆土绿化、场地覆盖、围挡、防尘网……除了这些必备的设备和措施外，在鑫苑的项目工地上，道路、基坑周边、楼层、塔吊等位置还都设有抑制扬尘的喷雾系统。

很多工地还配备了能多角度旋转、自动喷雾的雾炮机（见图 2-48）。雾炮机利用高压方式将水雾化，通过风送装置扩散到需要控制扬尘的区域，从而使水雾与粉尘颗粒充分接触、结合，变成大颗粒自然沉降。这些沉降物不像扬尘会给工地造成大面积污染。经雾炮机冲洗过的工地，就像刚刚洗过澡一样干净、清爽。

图 2–48　工地上的雾炮机

除此之外，雾炮机还更加智能，与工地上的 PM2.5（细颗粒物）自动监测仪联动（见图 2–49）。当监测仪监测到 PM2.5 浓度超标时，雾炮机就会自动喷出水雾，加大抑尘力度。不仅如此，抑制扬尘、绿色施工是鑫苑所有项目工地的“必修课”。鑫苑项目工地进出车辆的大门口设有自动喷淋系统或者车辆洗轮机，可以给进出的车辆“冲澡”，有的项目工地门口还配备高压水枪，可以对自动冲洗不彻底的车辆进行人工冲洗，确保车辆不将泥土带出工地，让车辆干干净净地上路。而且，洗车用过的水会被引入沉淀池循环利用。这样既达到了降尘目的，又能节约用水。

图 2-49　PM2.5 自动监测仪

鑫苑的很多项目工地都全程应用了绿色施工在线监测与评价技术。这种技术可以根据绿色施工评价标准的要求，运用智能监测设备、传感器和无线传感等物联网技术，随时随地对施工现场的能耗、水耗、施工噪声、施工扬尘和大型施工设备安全运行状况等指标数据进行实时监测、记录、统计、分析、评价和预警，并统一接入智慧工地物联网平台，构建建筑工地现场环境监测和用水用电管理体系，实现施工现场噪声监测、扬尘监测、污水监测，以及用水用电管理的智能化和信息化。

我们知道，工地在施工过程中会产生大量建筑垃圾，堆积在各个楼层，如何及时、有效地清理各层建筑垃圾也是一大问题。

如果使用电梯运输建筑垃圾，这不仅会降低电梯的正常运输量，而且会影响施工。垃圾运输管道可以有效解决这一问题，而且能够控制扬尘。在鑫苑开发的济南鑫苑鑫中心、郑州鑫苑名城二期等项目中，鑫苑就通过这种技术来处理建筑垃圾。

垃圾管道垂直运输技术是通过在建筑物内部或外墙外部设置封闭的大直径管道，将楼层内的建筑垃圾沿着管道靠重力下落，通过减速门对垃圾进行减速，最后落入专用垃圾箱内进行处理。为了控制扬尘，管道入口内设置了可以自由转动的挡板，防止粉尘在各层入口处飞扬。同时，在垃圾入口、垃圾出口及专用垃圾箱附近，都设有自动喷洒降尘系统。

鑫苑用文明施工、绿色施工保护着环境卫生，扮靓了城市，同时也为自己赢得了良好的品牌形象。

2. 新建材让盖房子好比搭积木

随着现代工业技术的发展，建造房屋可以像机器生产那样成批、成套地制造，只要把预制好的房屋构件运到工地装配起来就可以了。这就是如今在建筑行业中备受推崇的“装配式建筑”。装配式建筑因其节能、环保、标准化和效率高等特点，在建筑行业内得到了大力推广。2016 年，国务院提出，要大力发展装配式建筑，推动产业结构调整升级，并提出力争用 10 年左右的时间，使装配式建筑占新建建筑面积的比例达到 30%。

简单来说，装配式建筑很像我们小时候用积木搭“房子”的过程。现在，建筑技术的发展让盖房子真的变成了搭积木——房子的“零件”可以通过机器流水线成批、成套地制造出来。在盖楼时，只需把做好的梁、板、柱、墙等混凝土“零件”运到工地上，装配起来就行了。这些“零件”的专业叫法是预制构件。现在，越来越多的鑫苑项目都应用了预制外墙、预制叠合板、预制楼梯、PCF（预制构件外墙模）板、预制空调板等多种预制构件。这些预制构件在工厂里批量生产，再被运送到施工现场拼装。与传统工艺相比，采用预制构件的装配式施工不但效率高、标准化程度高，还可以大大减少施工现场的污染，是减少工地扬尘的重要手段之一（见图 2-50）。

图 2-50　装配式施工可以有效减少施工场尘

在济南市槐荫区清源路与淄博路交会处，由中建一局承建的济南鑫苑世家公馆项目就大量采用了预制构件装配式施工。该项目的 9 栋主楼均采用装配式产业化技术，单体最高装配率达 58.75%，是济南市现有单体装配率最高的商品住宅楼。与传统工艺相比，装配式产业化施工每平方米能耗可降低约 20%，每平方米水耗可降低约 60%，每平方米木模板消耗量减少约 85%，每平方米产生垃圾量降低约 80%，且施工现场基本无扬尘和噪声，在资源节约和环境保护方面有着显著的优势。全国多地的建筑同行、政府管理部门都组队来到该项目考察，观摩学习他们在装配式施工上的经验。

装配式施工对很多工人来说是新工艺，为了方便工人掌握施工要求和确保工程质量，鑫苑的项目方会给每个预制构件定制“身份证”，即每块预制墙板、楼梯、空调板、叠合板都有一张属于自己的二维码。

在济南鑫苑世家公馆项目工地上，项目方就专门制作了 4 000 多张二维码技术交底展示牌，工人只需要用手机扫一扫二维码，就能知道每个构件的生产厂家、型号、应用楼栋号及所在楼层等“身份信息”，工人只需要对应这些信息完成定点拼装即可（见图 2–51）。除此之外，鑫苑还进一步把“标签二维码”应用在施工部位的技术和安全交底上，全面提升了管理的信息化和精细化水平。

图 2-51　扫描工地上的二维码就可以知道预制构件的"身份信息"

3. 新装备助鑫苑品质迈上新台阶

除了重视环保，在新型建筑设备的应用上，鑫苑也走在前列。

模板是建筑工地上浇筑混凝土时使用的工具。传统的模板多为木制，但现在，有实力的大中型房地产企业开始越来越多地使用铝合金模板（见图 2-52）。

虽然和木质模板相比，铝合金模板成本较高，但有着许多优势：自重轻，模板能承受较大压力，方便混凝土机械化作业；可以多次重复使用，不像木质模板那样只使用一次就要改造；模板与模板之间是用销钉固定的，操作更加简便，拆卸和安装的速度更快；标准化、通用性强，回收价值高，可以大量减少传统木料

图 2-52 铝合金模板

等资源浪费……

更重要的是，铝合金模板平整、牢固、拼缝少、精度高，使混凝土建造精度从厘米级提升到毫米级。在拆除铝合金模板后，混凝土表面平整、光洁，可以达到清水混凝土的效果。到了装修阶段，内墙面可以省去抹灰和平正的工序，从质量上直接杜绝了室内墙面抹灰空鼓和开裂的通病。

正因如此，讲究品质优先的鑫苑在天津汤泉世家、长沙木莲世家、长沙芙蓉鑫家等多个项目中，都大规模地采用了铝合金模板，从源头上将混凝土建造质量水平提升了一个台阶。

脚手架是建筑工人的工作平台，被誉为“建筑工人的空中舞台”。早些年，工地上的脚手架大多是由一根根铁管连接搭建的。这些铁管不但笨重，还很不安全。现在，工地上的脚手架也已实现了升级换代。

在鑫苑开发的天津汤泉世家、长沙木莲世家、长沙芙蓉鑫家、郑州名城二期、郑州国际新城等很多项目工地上，都可以看到在建筑物的顶端包裹着一圈围挡，像一顶帽子，这就是集成附着式升降脚手架（见图 2–53）。

图 2–53　集成附着式升降脚手架更加安全、经济

集成附着式升降脚手架是一种新型脚手架，它附着于工程结构之上，依靠自身的升降设备和装置，可以随着工程结构逐层爬升或下降，在工程封顶后，可在空中解体拆除。与传统的落地式脚手架相比，集成附着式升降脚手架将工人的高处作业变为低处作业，将悬空作业变为架体内部作业，突破了传统脚手架杂乱的外观形象，使施工项目整体形象更加简洁、规整、文明，还可以大大节约施工耗材，楼层越高越经济。而且，由于采用了全自动同步控制系统和遥控控制系统，带有防坠落、防倾覆装置，所以更加安全。

鑫苑工地上的创新远不止这些。为了让业主能够更快地住进新家，鑫苑还推广应用了一种先进的施工工法——全穿插施工。这种工艺在发达国家已经被普遍采用，尤其是在日本。

穿插施工，顾名思义就是多项工作同时进行。在鑫苑的一些项目工地上，通过施工前的合理策划，主体、外墙、装修和地下室等能实现全穿插施工、流水作业，工序衔接紧密、互不干扰，实现彻底干净的作业面移交。和传统的施工工序相比，全穿插施工可以大幅节约人力，缩短工期，提高品质。

以精装房的装修施工为例，传统工序需要在主体结构竣工验收及工程改造等流程后再进行，工期时间紧、任务重，工程质量难以保证。而在全穿插施工方式下，装修施工可以和主体施工穿插进行，装修工期随着主体结构进度拉长，更有利于提高装修质量。由于装修施工工序提前，项目的整体工期反而能够缩短。

对购房者而言，这意味着能够提前入住质量更高的房子。当主体结构施工至 2/3 时，小区市政配套及园林景观施工即可插入，分区分段材料场地布置与主体交叉亦可同步进行，从而为园区施工留足精雕细琢的时间，为业主打造高品质园区景观。

4. 无人机、机器人……建筑工人也有科技范儿

建筑工地是项目开发单位和建设单位的窗口。在一定程度上，我们从一个工地的形象也能看出一个企业的形象。对工地进行标准化和规范化管理，是鑫苑打造“品质地产”的一个组成部分。

在施工质量管理方面，很多企业的制度往往都很完善，但有时候就是难以贯彻下去，为什么？原因是内容多，员工记不住。为此，鑫苑将施工质量管理信息化、移动化，所有鑫苑的员工，只要在手机上打开一个 App，就能随时随地查看图文并茂的质量标准手册，了解任何一个施工环节有没有问题，不合格的做法是什么样，标准的做法是什么样，企业推广的做法是什么样。

鑫苑还自主研发了一套移动巡检系统，巡检人员在施工现场发现问题之后，只需要拍一张照片，将信息录入上传到质量整改系统中，管理者在后台就能看到巡检人员在哪个项目工地上，同时能够看到巡检人员发现了什么问题，还能看到发现的问题在解决限期内是否得到了解决。

鑫苑开发的“移动验房”系统，以简单易上手的操作方式给业主收房带来了上佳的服务体验，实时、透明的管理模式不但让问题的解决率大幅提升，让客户满意度大幅增长，而且提升了鑫苑的服务水平和品牌形象。

可见，科技创新应用到房地产行业，不仅能解决管理的便捷性和员工的惰性问题，还能给品质管理带来极大的便利。

工地施工现场点多面广，人员众多，这给质量管理和安全管理带来了一定的难度。为了应对这一问题，鑫苑将无人机引入工地。目前，在郑州鑫苑国际新城等项目工地上，项目团队已经开始应用无人机辅助对工地的施工质量、安全和工程进度等进行全面巡查监控，实现了对建筑工地从地面到天上的立体管控。很多人工检查难度大、危险性高的项目，都可以交给无人机来完成，尤其是针对爬模、爬架地外檐高空作业等重大危险源的检查，相比人工巡查，无人机可以垂直爬升、快速巡航，在高空实时监控，并将现场画面同步回传。无人机的操作便捷，省时省力。

在无人机的镜头下，在高空作业的工人是否戴了安全帽及是否扣好安全绳等情况尽收眼底，令巡查效率和效果大大提升。管理人员借助无人机拍摄的视频或图像，可以及时发现作业现场存在的问题，快速采取应对措施，有效确保施工质量和安全，还可以为项目部门加强过程控制和优化施工方案等提供数据支持（见图 2–54 和图 2–55）。

除了巡查的功能外，无人机还具有航测建模的功能。通过无人机建立模型，可直接进行场地测量，方便项目进行场地布置，可以为拟订施工运输方案提供可靠依据。

有能上天的，还有能入地的。在昆山鑫苑 · 鑫都汇等鑫苑项目中，项目团队就推广应用了能遁地而行的管道检测机器人。这种机器人由主控制器、手动收线车、爬行体、无线操作盒及电源等部分组成，配备高分辨率彩色摄像机。施工人员通过操作主控制器的人机界面就可以遥控管道机器人。管道机器人不仅可以对管道内部的各种缺陷进行监测，还能有效避免人工检测管道时，

图 2-54　无人机可以大大提升工地巡查效率

图 2-55　无人机视角下的工地场景

环境可能对施工人员造成的伤害。特别是在人员无法进入的小口径管道检测中，机器人的探测作用更加显著。

鑫苑工地除了有高科技，也有不少彰显其人文关怀理念的小细节。在炎热的夏季，项目方会为施工人员配备足够的饮用水和绿豆汤等解暑饮品，还为工人发放藿香正气水、人丹、风油精等防暑药品，有的项目还启用了新型“空气能”设备为工人宿舍消暑降温。新型“空气能”设备在夏季能够有效降温，在冬季还能为员工宿舍集中供暖，从而为工人创造舒适、健康的生活环境。

第三章 品·技

第一节 用科技创新建设品质之家

创新与标准化不是矛盾体，而是有机体。如苹果、波音等公司，它们既制定了业界的标准，同时又在不断推陈出新，甚至颠覆已有的标准。同样，房地产行业也是如此。户型创新、外立面创新、景观创新……这些创新看似没有核心技术，却是牵一发而动全身。

通常一个优秀的产品创新，都会给企业带来相应的品牌溢价与销售提升。善于做创新转化的企业，会适时地将单一项目的创新进行固化并转化为产品线创新，有适宜的创新转化机制。

鑫苑正是一家具有创新基因和能力的企业。早在创立之初，鑫苑在郑州开发的楼盘就以领先的思路和完全不同于市场既有标准的创新设计一炮打响。从那时起，鑫苑的产品研发人员配合设计师，在把控设计品质的同时，不断探索设计创新，研发更适合人们居住的住宅产品。

1. 你听说过房子能“生长”吗

很难想象，一栋房子可以“生长”——在人生的不同阶段，“长”出最适合家庭需要的样子。

刚刚结婚的夫妻想把三居室改成一居（套间）和两室一厅，一居（套间）用来出租以缓解还贷压力，同时自己的生活又不受到过多影响；二孩政策全面放开后，他们可能会生两个宝宝，家里可能还需要至少一位老人来帮忙，一家三口变成一家四五口，不得不将三居室改成四居室……随着家庭人口结构的变化，业主对房屋的需求也在不停地改变。

一边是家庭对住房空间的需求越来越大，另一边则是房价的不断上涨。10 年前，在一线城市，白领的月薪可达 1 万元，北京四环边上的商品住宅均价也是 1 万元 / 平方米；10 年后，虽然大多数白领的月薪涨到了 3 万元，但北京四环边同样户型的房子却涨到了近 10 万元 / 平方米。如今，房价暴涨不仅出现在一二线城市，随着棚改货币化安置的推进，全国各地都在进行楼市去库存，三四线城市的房价也水涨船高。在一些地级市中，低于 1 万元 / 平方米的楼盘越来越少。

对一个家庭来说，在房价高企的情况下，换房已变得越来越艰难。

面对这样的供需矛盾，鑫苑将目光聚焦于产品研发，希望通过研发创新，让住宅可以“生长”，不用更换就能满足家庭人口结构的动态变化需求，这就是鑫苑的“微生长”产品。

鑫苑的设计师在设计与研发阶段，就站在未来十年家庭发展的角度来看待房屋的生活属性和居住属性，他们根据一个家庭未来的人口变化对房屋的格局和功能进行了布局。之所以叫“微生长”，是因为房屋的很多设计都从方便业主改动的角度做了充分考虑。

装修过房子的人都知道改造房子有多难，不但要拆墙打洞，还要改水改电，这都是一笔笔不小的投入。而鑫苑的“微生长”房屋却大大节省了这笔开支，它能够让业主在不影响正常居住的前提下，只通过微小的调整就实现房间布局的改动，墙体、水、电、气、暖等都不需要大拆大改。

以一套建筑面积为 122 平方米的平层“微生长”户型为例，在设计师充分的前期规划下，该户型可以实现灵活多变的空间布局，让业主能够针对每个生命阶段的需求和家庭人口变化，轻松地进行相应的调整和改造。从二人世界、三口之家、家有二宝到子女长大，再到赡养老人，一套房可以相伴业主一生。

以这套 122 平方米的房子为例，我们来看鑫苑是如何根据家庭人口变化实现可变空间的。

这套房子的原始状态有 1 间主卧和 2 间次卧。其中，主卧附带衣帽间及阅读区，房子能“生长”的秘密也主要源自这里。

年轻人崇尚自由，即便是婚后的二人世界，也要有能够偶享独处之乐的私密空间。除了房中原有的衣帽间，业主还可以将主卧附带的阅读区改造成另一处衣帽间，让男女主人各自拥有互不干扰的更衣空间。两间次卧既可以做客房，也可以改成书房、健身室或娱乐室，让主人恣情挥洒没有牵绊的青春时光（见图 3–1）。

图 3-1　适合二人世界的场景

随着新生命的到来，二人世界变成了三口之家。照看宝宝离不开父母的帮助，此时，主人可以将邻近主卧的南向次卧作为老人房，将婴儿床安置在老人房中，方便父母帮忙照顾宝宝。南向的房间通风和采光都很不错，在宝宝健康成长的同时，祖孙间的亲情也与日俱增（见图 3-2）。

图 3-2　适合三口之家的场景

业主如果生了双胞胎或者又要了二孩也不用发愁，可以将主卧中的阅读区打造成一个属于宝宝的世界，摆放两张婴儿床，在相对独立的空间里悉心照看他们，独立又不分离（见图 3-3）。

图 3-3　适合家有二宝的场景

随着子女渐渐长大，他们开始有了一些只想让自己知道的秘密。此时，主人只需要在主卧室添加一个隔断，就可以将阅读区改造成另一间卧室，让两个孩子分别拥有独立的生活空间。家中的老人也有自己的卧室，一家人尽享三代同堂的天伦之乐（见图 3-4）。

图 3-4　适合子女长大的场景

当子女陆续离家求学、工作、恋爱、结婚……家也从喧闹重归平静，儿童房重新变回阅读区和老人房。此时，家中老人年事已高，离不开亲人的照料。业主与父母同住，贴身护理，悉心赡养老人（见图 3-5）。

图 3-5　适合赡养老人的场景

除了 122 平方米的户型，鑫苑还将“微生长”系列扩展到 88~146 平方米的多种户型，满足更多不同层次的业主需求。

变化，是这个时代唯一不变的。但看似无迹可寻的变迁，其实又有着千丝万缕的关联，而要发现这种关联，则需要有着思路清晰且目光深邃、善于思考的“最强大脑”。择一隅终老，得一屋白首。鑫苑人一直认为，家不仅是一处栖身之所，更承载着家庭成员共同的点滴记忆，能住一辈子的房子，才是理想的家。

2. 鑫苑“雅智系”到底有什么不一样

有了好的产品，你还要不失时机将其形成一套成熟的产品线。

改善型居住时代的到来，让标准化的产品线成为房企除品牌之外最大的差异化标识。房企纷纷将代表着自己高技艺水平的产品线推向市场。

从房企的市场表现来看，产品线高端化趋势明显。房企的产品品牌具有较强的可复制性和抗周期能力，相比单一或零散的品牌，产品线凭借着标准化特征、品质感和溢价能力更能吸引市场关注。

高端产品线的增多，与现行市场下的语境有着莫大的关系。目前，购房者对于产品均好性的挑剔，更多始于现行限购条件下“房票”之珍贵，如果只有一次选择机会，就只能优中选优。

公开数据显示，2017 年典型房企产品品牌指数排名前 50 的项目总数量同比 2016 年增加 24.25%，典型产品线为企业总销售额贡献颇多，18% 的产品线已为企业总销售额贡献达 10% 以上。

六合达雅，十智名归。这是鑫苑对旗下品质住宅产品线“雅智系”最直接的阐释。从古至今，雅居都是人们的居住追求。步入现代科技社会，鑫苑的“雅智系”产品在“雅”后面加上一个“智”，这是鑫苑从“创建美好家园”到“创享智慧城市家园”追求的浓缩。

“雅智系”产品不仅带来了户型的“微生长”，还在建筑立面、园林景观等方面进行了全方位升级，旨在打造一种雅致、时尚、健康、智慧的高品质人居生活方式。

“雅智系”产品从规划、户型设计到景观、精装、智能化等各环节，通过全面的标准化与人性化设计，带给业主一种度假酒店式的生活体验。在规划设计上，“雅智系”突出产品的简雅、对称和礼仪感的空间，打破了过去品质较低的围合式社区模式，做了很多开放式的设计，比如局部楼栋首层架空，让景观通透；比如地下车库底标高抬高，让车库通风采光。在户型设计上，“雅智系”的核心理念是把产品的内部空间进行简化，很多设计都从方便业主改动的角度做了考虑，比如次卧室结合横厅的设计、主卧室套卧的设计、儿童房跟主卧室的关系和双钥匙系统等，使得业主在不影响正常居住的前提下，只通过微小的调整就可以实现对房间布局的改动。从业主的角度来说，这些都是居住品质的基础和保障。

目前，鑫苑的“雅智系”产品已经有两处代表，一处是郑州鑫苑国际新城，另一处是成都鑫苑城（见图 3-6~ 图 3-8）。

图 3-6　郑州鑫苑国际新城售楼处一角

图 3-7 郑州鑫苑国际新城样板间

图 3-8 成都鑫苑城售楼处外景

走进成都鑫苑城样板间，各种满足“懒人”生活的设计令人印象深刻。一般的户型设计，在床头两边只有电灯开关与电源插座，而在成都鑫苑城样板间的床头，还多了两个 USB 插座、窗帘开关以及一个红色按钮。

USB 插座不需要手机充电头就可以给手机等数码设备充电，甚至可以取代充电宝，其内部通过开关电源将 220 伏交流电转换成 5 伏低压直流电以供使用。

晚上躺在床上一按窗帘开关，窗帘就会自动闭合，保证隐私与睡眠。晨起再一按，窗帘自动敞开，与阳光拥抱。遇到紧急情况，不用拿起手机寻找号码呼叫物业，只需要按一下红色按钮，马上就能直通物业 24 小时联系电话。这些设计细节，最大程度上给予业主便利的体验，所有这些只需要躺在床上就可以完成。

值得一提的是，成都鑫苑城的每个户型还配有智能锁，可以输入密码或按入指纹开门。每个人的指纹是独一无二的，这种智能锁不仅在安全上更胜传统门锁一筹，而且再也不会出现忘拿钥匙找开锁匠的窘境。

对于收纳空间，人们往往认为多就是好，但实际上，真正能用得上的才是好收纳空间。成都鑫苑城并未设置过多功能性的收纳空间，但在关键收纳区做得却十分细心，比如卧室、厨房等。主卧室面宽约为 4 米，预留充足过道后还可以放置柜子用于收纳。厨房为 U 型设计，相较 L 型厨房有更多收纳位置，放入双开门冰箱后，空间还绰绰有余，且厨房台面也有较多空余位置，可用来放置物品。一般情况下，开发商会在大面积四房产品中考虑做入户玄关的过渡，这样可一定程度上保证用户的私密性。成都鑫苑城的四室户型在入户玄关处就采用了这种过渡设计，避免了同类户型一进门就看到客厅或餐厅的情况，并在门口开辟了一个小型储藏室，方便收纳。

“雅智系”产品的“智造生活”概念蕴藏在各个微小细节之中：

一是客厅采光均匀，格局大方，大面积的南朝向空间，进深短，南北通透，室内空气流通顺畅，居家生活清净自在；

二是次卧与客房错落分布，避免动线重叠，可以让喜欢安静的老人或喜欢独处的孩子居住其间；

三是餐厅、客厅和厨房在一条动线上，餐厅紧邻厨房，不管是就餐、做菜都很方便，且过道与餐厅、客厅融合在一起，视觉上放大了客厅面积，同时又不显得过道太狭长（见图 3-9 和 3-10）。

图 3-9　成都鑫苑城样板间

图 3-10　成都鑫苑城样板间

因为每个城市都有自己的特点，所以这个城市中的人也就有了不一样的需求。考虑到成都冬天没有集中供暖，成都鑫苑城还装有地暖，免去了业主二次装修的烦恼。

在改善型居住时代，鑫苑“雅智系”的产品构架以及其突出的产品配置，都称得上是对楼市产品改善功能性的一次挑战。“雅智系”通过设计合理的空间结构、技艺精湛的细节雕琢以及极为考究的人性化布局，把关于生活的想象都化为有棱有角的真实场景，让居住的美感融入家里的每一个细节之中，还原幸福、最简单的家的模样。

3. 机器人慷宝走进寻常百姓家

人工智能（AI）是当下最热门的科技应用。作为引领未来的战略性技术，人工智能正在驱动全球产业结构、经济运行、城市形态以及人类生活方式发生深刻变革。

事实上，对人们的生活起居而言，人工智能可以扮演更加实用的角色。随着人工智能技术的高速发展，我国的智能家居渗透率快速提升。我国的智能家居市场潜力巨大，而房地产无疑是智能家居产品进入家庭最快的渠道。

以“创享智慧城市家园”为企业使命的鑫苑，正致力于将人工智能引入人们的居家生活。

夜幕降临，华灯初上，你带着一身疲惫朝家里走。当你站在家门口时，你不再需要在门口翻找钥匙，你可以通过可视对讲设备向静静等候在家的智能机器人发出呼唤，机器人就会自动接收到你的视频并为你开门。

这时，真正的智能生活才刚刚开始。开灯、开窗帘、开电视……智能机器人在你的语音指示下可以迅速完成这些动作。如果你想看视频，机器人还会贴心地把影片投射到大屏幕上。

不用疑惑，以往在科幻大片里才能看到的智能生活，已经来到了我们身边。一款叫作慷宝的智能管家机器人可以完美地完成这些任务。

慷宝智能管家机器人由北京爱接力科技发展有限公司（以下简称“爱接力科技”）研发，具有优质的地产基因和创新的人工智能技术，能够做到以家庭需求为出发点，满足每一位家庭成员的智能生活需求。

慷宝的成功与鑫苑董事长张勇密不可分。

张勇是个科技迷，他坚信：科技是推动时代进步的原动力，更是使人们生活发生本质改变的催化剂。2015年，张勇作为天使投资人投资了爱接力科技。

其实，很多房地产商都在做科技创新布局，但时至今日，取得成效的房地产商并不多，主要原因是它们没有跳出房地产粗犷式发展的思维。中国房地产行业走过多年的发展历程，房企都是从实业起家，在钢筋混凝土上面打天下，对于如何平地起高楼，它们是行家，但是如何抓住移动互联网的节奏，把握“房地产+科技”的创新基因，它们却明显比互联网公司慢了几拍。正是看到这一点，鑫苑大胆创新，并在体制外创新，投资有实力的团队，经历市场化的运作与资本的考验。

爱接力科技的首席执行官曾在牛津大学求学，获得土木工程专业硕士研究生学位后回国发展。在他刚回国时，因为工作原因，他在北京经历了几次搬家，然而不管搬到哪，总会让他遇到意想不到的尴尬。比如，澡洗到一半没水了，他只好大半夜穿着浴袍去缴费，但离家近的缴费机器却不好使。再如，他晚上在家里加班赶工作，家里突然没电了，他向物业抱怨为何不事先通知，物业却无辜地回复：“小伙子，我们已经在你家门缝底下塞过纸条啦！”这些经历让他印象深刻，慢慢地，他发现周围的很多人都遇到过这些事情，他开始疑惑，为什么中国这么贵的房子却没有利用科技元素去解决人们最基本的需求。

产品的意义在于解决用户痛点，为用户服务。爱接力科技认为，要想解决这些问题，一定要依靠有互联网和科技创新基因的房地产公司。这和鑫苑董事长张勇的想法不谋而合。

爱接力科技将自身定位为人工智能驱动的智能管家服务供应商，希望通过铺设人工智能载体，全面打通网络、信息和服务环节，成功解决智慧社区落地实施的难点，最终打造智慧住宅。

在鑫苑的支持下，2017 年，爱接力科技推出了慷宝智能管家机器人。慷宝的外观可爱，有 8 英寸触摸屏，并采用最新的人工智能技术，搭载安卓智能系统，兼具 Wi-Fi（无线网络）连接功能，具备智能语音、视频交互、图像视频等功能。慷宝还有 5 米远场拾音功能，能够识别人声方位，由机身带动屏幕实现 300 度的定向旋转，清晰识别语音指令，控制近 400 种不同型号的家庭智能电器（见图 3-11）。

图 3-11 慷宝智能管家机器人

目前，中国人口老龄化严重，很多家庭中的老人不愿意麻烦子女，小病忍，大病乱投医。慷宝具有 7×24 小时全科医生实时在线功能。当家庭成员遇到健康问题，只需说出“慷宝，我要看医生”，它便会实时连接在线医生并提供一对一的专业咨询。除此之外，慷宝还可以提供吃药提醒、健康管理、药品验真、在线购药、在线挂号、健康咨询和紧急呼叫等服务。

在儿童教育领域，慷宝和腾讯小企鹅乐园以及 vipJr(国际少儿英语教育机构)、一起作业等合作，为小朋友提供全面的教育和娱乐陪伴（见图 3-12）。在娱乐领域，慷宝和腾讯、网易、爱奇艺等网络平台合作，接入了腾讯视频、QQ 音乐、网易云音乐、爱奇艺视频，并研发了数款基于声控的语音交互游戏……

图 3-12　慷宝是小朋友的好伙伴

慷宝能做的事情还有很多，它结合人工智能技术打通了城市线上和线下的生活服务资源，形成了一个全方位、智能化的信息分享及服务平台。无论你要听音乐、看电影、玩游戏、开视频会议，还是要订外卖、打车、查询实时路况，慷宝都可以提供全方位服务。

慷宝围绕三口之家与五口之家的生活场景进行产品研发，提供大健康、儿童教育和生活缴费等服务。住户只需通过语音唤醒慷宝，即可在会客观影模式、家人就餐模式、睡眠模式、洗浴模式等丰富的居家场景之间随心切换。上市仅 4 个月，慷宝已经在深圳彩生活服务集团、金科地产铺设了近万台。目前，已经有很多百强房地产企业与爱接力科技合作。

鑫苑在郑州有一个很经典的项目——鑫苑名家，有 1 000 多户业主安装上了慷宝智能管家机器人。鑫苑物业和爱接力科技合作研发了“我的周边”App，纳入了鑫苑名家 5 公里范围内的健身房、儿童培训机构、餐馆、洗衣店、足疗店等商家的活动与打折信息，高效、高质量地满足了都市青年和社区老年人的日常生活需求。

不仅如此，物业不用再通过贴纸条的方式通知业主买水、买电等，通过慷宝就可以轻松传达。“主人你好，家里的水快没有了，是否要买水？”慷宝的小管家功能会直接向业主发出提醒。当慷宝得到肯定回复后，它的屏幕会立刻弹出水费支付界面。新一代慷宝还支持住户直接通过人脸识别付款。

慷宝的人脸识别技术，还可以在客人来访时将来访者信息告知业主。慷宝对智能家居产品的控制更是不在话下，灯光、窗帘、空调等家电都可以通过慷宝来操控。在鑫苑名家，慷宝的平均日活已经达到65%，使用时长超过120分钟，日均激活次数超过50次，这些数据已经远超市面上大多数的App。

据爱尔兰市场研究机构Research and Markets统计，目前消费级机器人的市场规模在54亿美元左右，2023年，这一规模将达到150亿美元。而智研咨询发布的报告则显示，2017—2021年，智慧家居产业年均复合增长率达48.12%，2021年智能家具产品的市场规模将达到4 369亿元，服务1.2亿户家庭。家庭场景能够连接的服务其实非常多，这些服务虽然不一定是高频，但相对刚需且稳定。不过，目前在家用机器人的需求调研中，家庭服务的渗透率较低，仅为8.32%，这也意味着家用机器人的市场空间广阔。

正是提前看到了市场前景和需求，爱接力科技秉承“科技为爱接力，链接美好生活”的愿景，专注于以科技创新为驱动，结合国家人工智能战略发展规划，积极引入资本，快速推动人工智能技术在我国的落地与应用，打造以家庭为中心的人工智能服务平台。

爱接力科技还在以极客的产品精神不断优化产品的用户体验。这家公司陆续与IBM（国际商业机器公司）、百度、华为等科技巨头合作，扩大在人工智能、大数据、物联网、机器人领域的领先优势。

虽然爱接力科技占据了赛道的有利位置，但这仅仅是开始。现在，爱接力科技正在从鑫苑迈向更大的市场，而这也是鑫苑董事长张勇最初的目标。

第二节　做“国际化科技地产生态引领者”

对于房地产企业而言，这是一个变革再出发的新时代。

强烈的社会责任感促使鑫苑清醒地认识到，作为房地产开发企业，不能止步于对城市肌理的改造，更要通过对现行科技与工艺的变革和创新，给人们的生产、生活带来质的飞跃。

深谋远虑的鑫苑正在以科技赋能房地产为切入点，通过大科技与大金融推动房地产业变革，在“新平台、新生态、新赋能”的战略框架下，致力于做“国际化科技地产生态引领者”。在此定位下，科技成为鑫苑创新转型的核心要素，也是其开展差异化竞争以及提升经营效益的核心手段。

秉持创新、科技的发展理念，鑫苑积极响应国家推进智慧城市以及新型城镇化建设的号召，在金融科技、物联网以及智慧社区等领域展开布局和探索，与行业巨人携手，共同打造物联网和智慧社区解决方案，通过融合人工智能、全光网络、机器人、区块链等先进技术，全面推动中国智慧社区、智慧城市的发展。

鑫苑希望，小到一间房屋、一个社区，大到一个小镇、一座城市，居住于其间的人们都可以体验到科技与房地产结合带来的那些“不一样”。

1. 智慧社区——鑫苑用科技成就城市新地标

北京太古里、上海南京西路、成都春熙路、南京新街口……放眼全国，每座大中型城市都有一些代表城市形象与经济发展水平的城市地标。中原腹地郑州也有一个能够媲美一线城市的新地标——郑州鑫苑国际新城。

与其他城市地标多以商业闻名不同，郑州鑫苑国际新城能够在当地声名鹊起缘于其“房地产 + 科技”的硬实力。郑州鑫苑国际新城联合《梦想改造家》金牌设计师、台湾“空间魔术师”史南桥，结合高端智能化科技，推出了“鑫苑公寓 4.0”产品（见图 3–13）。采用“空间让生活更智慧”的构建理念，让智能交互、人工智能赋能和人居科技、健康配置充分融合，以智慧社区、物业服务、社区社交以及社区物联网四大场景模式，实现了智慧城市、健康服务、生活服务、教育服务、信息查询、娱乐陪伴及金融服务七大功能。

入户门采用智能指纹密码锁，与室内安防摄像、手机远程控制相连实时监控室内动向，业主可以远程看到门锁状态及室内情况；盥洗室选用雾化玻璃幕墙，业主在使用盥洗室时可以选择透明状态或雾化不透明状态，从而保证私密性；洗脸台前的镜子更是黑科技，在业主洗漱时能与手机或电脑页面同步，显示时间、天气、日常新闻等信息；升降茶几、升降茶台、自动窗帘、自动

图 3-13　郑州鑫苑国际新城智慧公寓

投影幕布等都让人耳目一新，且室内所有智能设备都能通过慷宝智能管家机器人进行人工智能语音控制。如此高科技含量的公寓，置身其中，让人产生一种置身科幻电影中的错觉。

郑州鑫苑国际新城只是鑫苑打造“品质地产、智慧地产”的一个典型代表。鑫苑一直坚持探索地产与科技的结合，以智慧科技为载体，紧随国家产业结构转型升级的趋势，连接全球科技资源，在智慧科技领域展开积极布局和广泛探索，将大量建筑领域的新科技、新材料、新产品应用到项目建设中，为业主打造高科技、现代化的品质生活。

鑫苑打造的智慧社区，充分利用物联网、云计算、移动互联网等新一代信息技术的集成应用，旨在为社区居民提供安全、舒适、便利、现代化和智慧化生活环境，从而形成基于信息化、智能化社会管理与服务形态的社区，其配置的系统及功能先进而丰富。

- **人脸识别系统** 该系统可以快速识别人脸信息，打开社区主、次入口平移门。
- **手机摇一摇开门** 在可视对讲单元门口机安装蓝牙模块后，业主可以通过摇晃手机发出信号，打开社区主、次入口平移门及单元大门。
- **访客二维码开门** App 生成的二维码发给访客，访客可通过扫描二维码打开社区主、次入口平移门及访问的单元大门。
- **手机查看视频** 业主可以根据授权通过手机 App 可查看指定区域实时视频。
- **PM2.5 监测** 设于社区内的 PM2.5 监测器可以实时检测空气中 PM2.5 颗粒浓度，并将数据推送至手机 App。
- **联动启停户内新风机** 新风机根据室外检测的 PM2.5 浓度可以自动启停。
- **社区 Wi-Fi** Wi-Fi 在广场、健身区、儿童活动区等人员活动场所无缝覆盖，住户可以一键上网。
- **智能投递箱** 社区主次入口附近设置本系统，用于智能收发快递。
- **智能家居** 每家每户都配备智能门锁、智能网关、红外转发器、窗帘电机、智能开关、PM2.5 监测器、紧急呼叫按钮、红外入侵探测器、人体活动探测器、智能插座、高清摄像机、场景控制面板等设备，业主可以实现远程控制、场景控制等。

- **传统弱电系统** 该系统包括户内报警系统、周界防盗报警系统、电子巡更系统、有线电视系统、网络及电话系统、门禁系统、车辆管理系统、智能平移门系统、五方对讲系统、视频监控系统、信息发布系统、可视对讲系统等。

除了上述功能，鑫苑智慧社区平台开放的社区服务入口还可以接入智慧物业、社区电商、社区养老、在线教育、远程医疗及金融服务。

- 业主下班后，开车回到小区门口，不用刷卡就能被智能设备自动识别放行；
- 业主开车进入车库，车位锁会自动落下，方便停车；
- 业主停好车来到楼门口，单元门的门禁通过人脸识别系统自动为业主放行；
- 业主路过智能快递柜，柜门会自动打开，业主不用输入密码就能取出网购的商品……

伴随着人工智能、物联网技术的发展，这些看似梦幻的智慧社区场景，在郑州国际新城等鑫苑开发的项目中正在一步步变为现实。

2. 科技小镇——鑫苑特色小镇的独到之处

近几年，为了响应国家“构建大中小城市和小城镇协调发展的城镇格局，建设特色小镇”的号召，鑫苑还通过旗下子公司鑫创科技让科技和城市智慧充分融合。

鑫创科技以“产业兴市、科技兴国”为发展使命，紧紧围绕以人为核心的新型城镇化建设，着力打造创新引领、产业集聚、生态宜居、富有活力的科技城市生态系统。在科技小镇打造的过程中，鑫创科技坚持“1、5、9”战略，即锁定一个发展目标——打造创新引领、生态宜居、富有活力的科技小镇，践行五大发展理念——产业优先、创新驱动、因地制宜、以人为核心、共生共赢，围绕九大任务系统推进——创新引领、机制创新、创业孵化、绿色生态、突出特色、完善功能、开放合作、产融联动、提升质量。

在郑州，鑫创科技打造了航美国际智慧城（见图 3-14）。这一项目以建设国际化创客小镇为目标，在设计阶段便邀请了国际知名设计师，结合本地特色对整个园区的产业、居住、商业功能进行了精准规划，希望可以将其打造成宜业、宜居、宜游的国家特色小镇标杆项目。目前，该项目已被列为郑州市首批市级特色小镇培育对象，将聚焦人工智能、信息技术等前沿科技，主要引入电子信息、互联网金融、科技创新服务三大主导产业资源，同步硅谷前沿生活形态，发展成产、城、人、文高度融合的科技小镇，打造百亿元规模的创新产业集群，助力区域产业升级。

大连国际健康科技小镇则是鑫创科技在全国战略布局的新突破，也是鑫创科技践行“产业兴市、科技兴国”理念的新升级。

鑫创科技发挥在智慧科技、大健康、产城运营等方面的优势，与大连旅顺口区政府倾力合作，打造了集智能医疗终端、医疗机器人研发、高端体检、国际康养业态于一体的国际健康科技小镇。大连是东北全面振兴的重要发力点，大连国际健康科技小镇项目对于打造东北经济新动能的增长极和助力东北加速振兴具有积极意义。

凭借鑫苑在海外上市的资源优势，鑫创科技先后与国外顶尖学府携手，成立了鑫创伦敦科技中心、鑫创剑桥科技中心，加入了剑桥大学 Idea Space 创客空间，并成为牛津大学创新中心联盟成员，发力抢占全球尖端技术制高点，紧锣密鼓地开展了一系列实质性动作。未来，鑫创科技将在生物科技、人工智能、新一代信息技术、新材料等领域和国际名校、专家开展深入合作。国际先进技术和产业资源将与鑫创科技的特色小镇无缝对接、深度融合，共同构建特色鲜明、技术领先、配套完善的小镇生态系统。

3. 智慧商业——鑫苑商业地产的创新之道

在鑫苑的“一主五辅”定位中，北京盈怀商业管理有限公司（以下简称“盈怀商业”）也是鑫苑 5 大房地产关联板块中的重要一环，主要负责商业地产项目。

商业地产正进入全新的智能化时代，要提升品质，最重要的核心竞争力除了设计就是运营能力。商业地产如何进行精准营销、数字化运营、智能化决策以及如何像互联网企业一样去尝试接触人工智能管理呢？盈怀商业的管理云智慧平台给出了答案。

针对商业运营管理，盈怀商业自主研发了盈怀云智慧平台，

图 3-14　鑫创科技在郑州打造的航美国际智慧城

涵盖企业办公、资产管理、运营分析、招商定位、信息交互、会员营销六大系统。下面简要介绍一下资产管理系统、运营分析系统、招商定位系统和信息交互系统。

资产管理系统针对商业运营的生命周期进行管理，为商业项目的商铺合同与租金管理提供标准化和数字化的管理。

运营分析系统是提升优化运营体系的升级指导系统，它通过客销度、溢租率、适配值解析项目、业态、楼层和品牌等不同维度的经营状况，对模块化分析与数据库进行对比诊断，进而为项目管理者提供数千种优化方案。

招商定位系统拥有上万个品牌库资源，通过与移动互联网平台进行合作，针对项目周边的同类品牌经营状况进行数据分析，以精准的数据标签匹配招商需求。除此之外，盈怀云平台通过大数据分析，还可实现商业项目的精准定位、运营和会员招募，真正满足商业全方面、多维度和精准智能化的管理需求。

而以分享和学习为主题的信息交互系统，则是盈怀商业开发的是第一个基于商业的深度学习和资源整合平台。该平台聚合商业从业人群，邀请地产名人入驻，提供专栏服务，实现知识发布、分享和经验的社群交流。该平台将成为商业细分领域内的“知乎”。

高效的管理与决策已经成为决定商业管理公司发展的核心问题，而提供给管理层的数据质量则决定了企业数据资产的实际价值。因此，如何提升数据质量也就成为商业地产企业数据管理的核心问题。

盈怀商业经过长期研发形成了一套自己的方法论，主要包括以下五点：一是要识别哪些数据是真正支撑管理层决策的；二是要确定决策数据的路径构成及板块分布；三是要明确业务数据及主数据的数据标准；四是通过相应的数据生成系统来保证数据质量的长期有效；五是形成战略数据支撑蓝图。

盈怀云智慧平台和三角运营管理系统都是盈怀商业首创的，它能够有效地按照店铺、业态、楼层、项目等多维度，对商户经营情况进行分析，并且能够根据商户一段时间的经营变化检验运营团队的工作执行力，这将是盈怀商业在未来合作中的核心竞争力（见图 3-15）。

图 3-15　盈怀商业通过其云智慧平台为商户提供有效的经营数据分析管理

智慧科技对商业地产运营的改造是不可抗拒的。盈怀商业的初衷是以智慧科技和全新理念改造商业，因此，它在商业地产运营中不仅对企业数据进行“数字化运营”，同时也做到了“智能化决策”。

盈怀商业运用的“总裁驾驶舱”系统，就利用了智慧科技的软硬件发展红利，为自身管理运营进行了升级。“总裁驾驶舱”系统是基于ERP（企业资源计划）的高层决策支持系统，该系统可实现多项目一屏可视管理，通过详尽的指标体系，实时反映企业的运行状态，将采集的数据形象化、直观化、具体化。

盈怀商业充分利用“总裁驾驶舱”系统为管理者提供多项目管控、核心业务指标数据分析，协助项目全面开展工作，对核心业务进行分析和监控，保证各项工作顺利、高效进行。商业管理本身的复杂性决定了其试错成本的高昂，盈怀商业引入智慧管理这一理念后，将试错的需求大大降低。

现在，盈怀商业负责鑫苑所有商业地产领域的业务，同时也致力于服务和革新现有商业模型，形成了商业、科技、文化和健康四大支柱产业。盈怀商业以北京为核心业务区域，辐射郑州、西安、长沙、济南和成都等城市。目前，盈怀商业在全国设有20家分公司，在西安、成都、长沙、郑州和济南等地设有鑫苑时代广场及鑫苑摩邻天地自持商业项目，为46个商业项目提供服务。

未来，房地产企业只会盖房子是远远不够的，还要把很多相关的服务业发展起来，这样才能体现房地产企业的价值。鑫苑相信，未来，标准化管理与智慧化方案将成为商业地产管理的核心要义。

4. 赋能地产——用科技推动行业升级重构

善弈者谋势，不善弈者谋子。鑫苑董事长张勇对行业发展大势有着深刻的洞察：房地产行业是国民经济的支柱产业之一，拥有发达的产业链。科技是第一生产力，在互联网时代，任何行业的发展变化都离不开科技的加持。

美国著名经济学家、诺贝尔经济学奖获得者斯蒂格利茨曾预言：以美国为首的高科技革命和中国的城市化，是影响人类 21 世纪发展的两大主题。张勇对此有着更深入的理解：过去数年来，以 B2C（企业对消费者）为主的消费型互联网给人们的生活方式和品质带来了巨大的改变；伴随着需求端的消费升级以及供给端区块链、人工智能、大数据和物联网等新兴技术的逐渐成熟，中国互联网也在迎来大变局，正在由以 B2C 为主的消费互联网时代转向以 B2B（企业对企业）为主的产业互联网时代，从而在根本上改变了人们的生产和生活方式。与过往的消费型互联网相比，房地产业的互联网可以看作一个单独的产业，覆盖的是数十万个社区、数亿人口以及数百万亿元资产，需要关联度更高的生态化解决方案，需要更多的科技企业和房地产企业参与进来。鑫苑做“国际化科技地产生态引领者”的初衷，正源于此。

张勇认为，经过数十年的发展，中国形成了价值 300 万亿~400 万亿元的存量房资产。从体量上来说，中国的房地产行业已经由“增量时代”进入“存量时代”，存量房的盘活和金融化是未来一个至关重要的经济命题。科技的应用，将助力房地产行业的转型，并撬动巨大的存量市场。同时，房地产及其关联产业所打造的家庭、社区、商场、产业园区和城市，将为科技成果的落地和转化提供层次丰富的场景，推动科技的快速迭代。因此，科技与房地产的融合是时代发展的必然趋势，也成为房地产行业战略转型的主要方向。

关于科技与房地产的联动与融合，鑫苑的思路是，做科技在房地产行业的接纳者、融合者、整合者，做房地产往科技方向转型的先行者。鑫苑有多年的信息化基础，其信息化水平目前已位于房地产行业前列。未来，鑫苑要进一步强化信息化水平的行业领先优势。

让科技赋能房地产、重构房地产，对鑫苑而言并不只是蓝图与构想，而是切切实实的投入与迅速有效的行动。2018 年 9 月 14 日，“腾讯云智慧地产解决方案”发布会在深圳腾讯滨海大厦成功举办。在发布会上，鑫苑旗下的爱接力科技携手腾讯、中城联盟共同签署战略合作协议（见图 3–16）。未来，爱接力科技、腾讯和中城联盟将基于最新的人工智能技术展开深度合作，推动中国传统房地产行业的新变革。这是鑫苑与腾讯继 2018 年 3 月 21 日首次宣布跨界合作并签署了跨领域战略合作协议半年内的二次牵手，宣告了双方战略合作的进一步升级。

鑫苑与腾讯将推动房地产行业线上和线下的协同发展，在智能家居、智能社区、智能城市等房地产智能化升级领域进行更深度的合作，推动中国房地产行业的科技转型，为行业创造更大价值。

与腾讯的合作只是鑫苑科技赋能房地产生态系统中的一环。其实，在以科技构建产业互联网的探索中，鑫苑做了许多积极有益的尝试。鑫苑打造的 ERP 房地产管理平台以云计算和大数据为核心技术，包含土地投资决策系统、成本系统、招采系统、计划

图 3-16 鑫苑旗下的爱接力科技携手腾讯、中城联盟推动房地产行业变革

系统、质量系统、费用系统、销售系统、云易营销平台、资产租赁系统、物业系统、商业智能分析系统（BI），为房企前期的快速测算、顺利拿地，中期各个环节的把控，以及后期的精准营销、大数据分析提供全面的技术支持与服务，帮助房企规范业务流程，提升管理水平及效率，拓展客户和销售渠道，实现管理的智能化、信息化和规范化，提高管理水平和效率。

如今，伴随着产业化、科技化稳步推进，鑫苑以房地产开发为主营业务，以科技和金融为战略两翼，构建了融资代建、产城运营、智慧科技、商业管理、物业管理等协同发展的关联产业，形成“一主五辅”，各项业务彼此支撑、相互联动的全新生态版图。其中，产业地产平台鑫创科技以打造科技城市为核心业务模式，提供科技城市“规划—投资—建设—运营”一体化服务；融资代建平台鑫岩资管以小股代建、融资代建和纯品牌管理输出等多种合作方式进入代建蓝海；商管平台盈怀商业将泛商业零售、地产物业及金融投资进行优化组合，为政府、房地产商、商业物业发展商提供全方位综合解决方案；物业平台鑫苑物业则是中部地区龙头物管企业，致力于产业延伸，构建泛物业产业生态圈。

鑫苑成功的背后，是集团巨大的财力、物力和人力浇灌的结果。从房地产开发到科技研发，再到将二者融合并落地应用，需要无先例可循的求索、巨大的研发投入和倍需耐心和毅力的研发周期。鑫苑的科技研发团队有近 500 人，吸纳了来自各地的优秀科技人才，目前已投入资金数亿元。

跨界的过程充满诸多艰辛和挑战，但所产生的巨大裂变效应让鑫苑能够切实为整个房地产行业的转型升级做出贡献。

第四章　品·格

第一节　销售服务——让业主买得放心

众所周知，房子作为大宗商品是先交钱后验货的。房地产企业都应该珍惜购房者对它们信任，从开盘到交房，要尽可能做到信息公开透明，让业主不悔当初的选择。这同时也是对自身的一种约束。对于一个有品质的项目和一家优秀的房地产企业来说，不仅其自身的追求很重要，而且客户的要求同样重要。

《大学》有言："欲修其身者，先正其心；欲正其心者，先诚其意。"房地产企业只有胸怀不隐藏问题的诚意和积极主动与客户沟通的正心，才能在建设过程中解决问题，保证项目建设完成后没有问题。房地产企业只有做到诚意正心，才能让业主买得放心。

1. 距鑫苑楼盘 1 000 米，有一条"销售红线"

经过 10 年黄金发展期，房地产行业滋生了虚火和浮躁。屯地屯房、高周转、高杠杆是很多老百姓对地产商的固有印象。现在，房地产行业进入白银时期，降杠杆、多元化布局、抓服务又重新成为行业的主攻方向。但是，沉疴已久，真正想把服务做好并且有能力把服务做好的企业少之又少。

行业的变迁并没有解决信息不对称问题，这其中有文化和制度等多方面原因。鑫苑在20多年的发展过程中，不忘初心，一直致力于提高产品品质。鑫苑的经验之一是在房子的销售环节就和客户进行充分沟通，让客户买得放心。为此，鑫苑在总结多年销售服务经验的基础上，同时借鉴国际、国内大型品牌房地产商的先进管理办法，推出了一系列销售服务管理制度。鑫苑的整个销售服务管理体系让销售部门、客服部门、设计中心和物业公司等涉及业主从买房到入户的全流程服务都做到信息透明，沟通顺畅，反馈有效且及时。

其实，为了让业主买得放心，鑫苑从一个项目开盘时就已经在布局了。

销售人员有没有跟客户讲实话？开发商建造标准、环境和配套等方面的允诺能不能兑现？接待客户的人是不是在房子难卖的时候对客户很热情，而在房子好卖的时候对客户爱答不理？销售人员在客户交钱之后是不是就再没音讯了？员工能不能定期向客户通报并带客户查看建设进度？客户的交房流程顺畅不顺畅？维修、装修和物业服务贴心不贴心？社区管理到位不到位？

房地产开发商能否解决购房者心中的这些疑问与顾虑，直接影响着业主的满意度，关乎企业的口碑。这些问题有的看似细小，但恰恰能区分出企业之间的差距。

鑫苑每年都会编制修订《项目开盘服务品质监管工作指引》。这份工作指引重点强调了销售人员的培训标准。比如，鑫苑在距楼盘 1 000 米内会设定一条红线，如果在红线之内出现显性不利因素，那么销售人员就要结合当地实际情况来判断其危害程度。对于可能在日后对业主居住产生不利影响的情况，鑫苑要求销售人员必须公示，并以书面文件的形式呈现给客户，说明红线内外可能存在的不利因素（见图 4-1）。

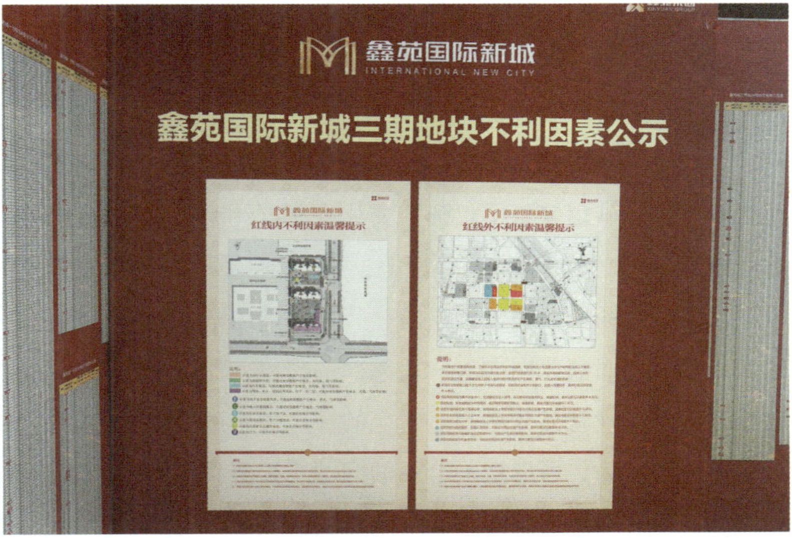

图 4-1　鑫苑就项目周边潜在的不利因素向客户公示

在红线内，鑫苑大致规定的一定要向客户说明的情况包括：是否存在机场、学校、车站或货场的噪声，垃圾场、污水河或屠宰场的异味，造纸厂、化工厂、橡胶厂或废品站可能产生的污染，以及高压线路、微波信道或无线通信基站等场所产生的辐射。不仅如此，对于楼盘可能存在的隐性不利因素，鑫苑也要求销售人员必须向客户说明，比如市政动态规划是否可能对项目产生不利影响。鑫苑对销售人员的考核会详细到销售人员对不利因素存在的方位和距离是否清楚。

鑫苑的客户服务和销售团队在开盘后还要对现场服务和客户反馈的情况进行总结，明确分析优缺点，并在后续服务中跟踪改进。而鑫苑的客户关系部门在项目开盘结束后还会对签约客户进行电访，了解客户对销售服务的反馈，客户的反馈情况会作为销售服务团队的考核依据之一。

在鑫苑的各个销售现场，鑫苑都会对外公示诚信宣言，公布监督电话，让诚信销售不仅形成文化和制度约束，也形成外部监管环境。当然，在内部监管环境上，鑫苑也一直在搭建与完善。

目前，市场上大多数楼盘的客户关系部门都在交易完成之后才介入服务，而鑫苑则向客户关系部门授权，让该部门在产品的设计、销售阶段就充分参与。鑫苑的客户关系部门有权监管销售服务人员的行为，可以把不合规的问题直接上报给集团。鑫苑各地的客户关系团队还会按月、季度对本区域内项目的销售服务进行监控及检查，并组织“神秘访客”对客户进行暗访，按照每个季度客户满意度调研结果对相关人员进行奖惩。鑫苑的销售团队工作人员在上岗前都要经过集中培训。其中，鑫苑客户关系管理要求是很重要的培训内容，由区域或城市公司客户关系部门组织主讲。

房地产企业通常只做土地开发，将施工、建设以及销售环节都会外包给合作企业。这是一种调动社会资源、联合产业链上下游、优势互补的商业模式，但这种模式也存在弊端，其中的一个弊端就是服务与品质往往不可控。为了解决这一问题，鑫苑从制度上加强了管控。比如，鑫苑在与一些代理公司签订代理合同时，就在合同中增加和明确了销售服务满意度考核条款，或签订专项销售服务补充协议。这样做的目的就是为了约束合作企业，确保服务品质。

2. 什么样的售楼处，让人来了就不想走

售楼中心、样板间……销售案场是业主了解一个楼盘的窗口。业主在这里得到的体验往往影响他对整个楼盘的印象。对于销售案场的服务，鑫苑也有一整套标准来规范，内容多达上百条，这里简单摘取几条。

- 夏天，停车场要配置汽车防晒罩，提供免费洗车服务。要对与施工区域相邻的停车场做好相关防护措施，以规避施工因素可能给客户车辆造成的损伤或损坏。停车管理员应做到手势动作标准规范，始终保持微笑、热情、真诚的服务态度。
- 景观展示区水景、水系或景观水池的水质清澈不浑浊，水面无漂浮物，种植的绿植应适当考虑当地客户的风水或风俗忌讳。在景观展示区作业的工作人员应注意避让客户，尽最大努力为客户提供方便。
- 售楼处大厅气味清新，无异味或刺激性气味。绿植长势和树形要良好，无枯叶，叶面无浮灰，花盆表面清洁，底盘无积土。洽谈区桌面清洁，烟灰缸保持清洁无烟灰。

- 样板间入口处鞋套箱码放整齐，标识齐全（使用、未使用），鞋套保证数量充足且保持清洁。案场内应结合现场环境选择适合的背景音乐，播放曲目以健康、快乐为主题，避免播放动感较强的音乐。
- 销售中心的清洁服务应尽量避开客户来访的时间段，保洁人员不在客户面前做大规模清洁动作，包括但不限于拖地、擦拭玻璃、沙盘吸尘等。
- 销售人员统一着装，服装干净、平整，保持良好的个人卫生，仪容仪表符合规范要求；在客户接待过程中要始终使用礼貌用语，充分尊重客户，真诚为客户提供必要的服务。
- 水吧饮品准备充足，饮品采购渠道必须为正规厂家。水吧台、洽谈区服务人员服务频次应避免对客户造成干扰，提供服务应时刻观察、耐心询问，客户水杯或茶杯内的饮品不应少于杯容量的 1/3。

从上面摘取的几条管理制度中，我们可以管窥鑫苑销售服务标准之细、之高。

除了在销售案场的“软件”上打造高标准，在销售案场的硬件上，鑫苑也以高标准的设计和配置为业主带来不一样的感受。有的鑫苑项目把售楼处做成了图书馆、咖啡馆、艺术馆……

位于长沙市人民路的鑫苑芙蓉鑫家售楼处（见图 4–2 和图 4–3），就会让往来行人眼前一亮。

室外，绿草如茵，绿意盎然，有花有树，落英缤纷；

室内，经典书籍，创意摆件，琳琅满目，音乐柔婉。

图 4-2　长沙鑫苑芙蓉鑫家售楼处

图 4-3　长沙鑫苑芙蓉鑫家售楼处更像一个图书馆

林立的书架上，摆满了中外原版书籍，包括经典小说、名人传记、艺术绘画……可以满足不同年龄层次的阅读需求。客户慵懒地躺在沙发上，随手翻开一本书，时光不着痕迹地在书页间静静流淌。

进口阿拉比卡咖啡豆，经过高温高压烘焙，再搭配上香浓的牛奶，一杯馥郁细腻的咖啡就在手边……

有人在这里看书、喝咖啡，有人在这里聊天、交朋友，也有人来到这里只是为了发会儿呆、打个盹儿……这哪里是售楼处，这分明就是一个集咖啡厅和图书馆于一体的文化体验中心。

和长沙鑫苑芙蓉鑫家一样，鑫苑不少项目的售楼处都采用休闲风格，赋予冰冷的建筑以温度，让售楼处变成一处适合业主放松心情的平台，将读书、聚会和艺术创造等场景叠加，让业主在看房时变得从容（见图 4-4 ~ 图 4-8）。

图 4-4　成都鑫苑城售楼处（1）

图 4-5 成都鑫苑城售楼处（2）

图 4-6 成都鑫苑城售楼处（3）

图 4-7　郑州鑫苑·金水观城售楼处（1）

图 4-8　郑州鑫苑·金水观城售楼处（2）

3. 办工地开放日，可不是为了多卖几套房

以往，对不少房地产企业来说，客户签了购房合同就是成功了，在后续的施工、建设环节和客户几乎没有任何沟通。这就导致了一个问题：虽然商品房是一种长生产周期的商品，但是在很长一段时间里，消费者只能接触到成品，无法了解和监督产品制造过程。不过，近年来，行业内出现了一个积极的变化，即通过开放工地，让客户从前期就介入到项目中，甚至提出自己的意见，这是一个很大的变化和进步。

鑫苑就是全面推行工地开放的房企之一。在鑫苑工地开放日上，现场开放销售案场工法展示区、现场安全体验区、现场质量展示区、楼层施工样板层展示区等。鑫苑希望通过对贯穿房子建设全流程的展示，让更多的客户近距离地感受鑫苑的诚意，打消他们的顾虑（见图 4–9）。

图 4–9 郑西鑫苑名家工地开放日现场

鑫苑举办工地开放日的目的并不是为了多卖几套房子。《鑫苑工地开放日活动指引》的总则开宗明义："责任地产，品质筑家，咫尺匠心。鑫苑工地 365 天开放。"前一句阐明了鑫苑打造"品质地产"的开发建设理念，后一句彰显了鑫苑对自身项目品质满满的信心。正如《鑫苑工地开放日活动指引》中所说，在鑫苑，严把品质关是每天的日常工作，工地开放日只是便于业主集中了解鑫苑的项目品质，其实鑫苑每天都是按照同样的高标准施工，天天都是开放日。

通过工地开放日，鑫苑想告诉业主自己的初心——鑫苑的房屋建造过程是可以让业主放心的，房屋的工艺、品质和施工是经得起市场和业主检验的。当然，从另一个方面来讲，工地开放日制度对鑫苑的施工合作单位也是一种约束和促进。

鑫苑的每个新建项目都要按照项目建设节点举办多次工地开放日活动。在鑫苑，每年 1 月份，集团旗下各区域或城市公司的客户关系部门都要将本区域当年各项目的开放日活动方案上报给集团，并按计划落实。在时间和次数安排上，《鑫苑工地开放日活动指引》要求每个项目至少要举办两次工地开放日活动，一次在主体结构完成时，另一次在项目正式交付前 45 天，这只是对外的公开信息。其实，鑫苑内部要求所有在建项目均须达到全天候开放标准。在开盘前一个月，工地要达到每周要开放一次的要求；在开盘后两个月内，工地要达到每两周开放一次的要求；自开盘后第三个月开始，工地要达到每个月开放一次的要求。鑫苑的业主可以通过工地开放日目睹房子一天天的变化，全程监督房子的建造过程和施工质量（见图 4-10）。

图 4-10　业主可以通过工地开放日全程监督房子的施工质量

如果一个工地每个月都要达到能开放一次的工作要求，那么工地的严格管理就会保持一种常态化，合作方就没有了“偷懒”的空间。工地开放日制度让鑫苑房屋的建造过程有了对外的承诺以及对内的管理约束。最重要的是，客户在施工完成 50%~70% 的时候参与进来，能够提前审视房屋是否存在缺陷。当客户提出建议和意见时，设计与施工团队可以及时预防和纠错。如此一来，在最后交房时的产品往往会超出业主的预期。

这些年来，鑫苑开展了多次工地开放日活动。以郑州鑫苑名城为例，这个项目先是接待了由郑州质监部门组织的 300 余人的行业观摩团，被主管部门誉为郑州工程质量管理水平的代表。随后，郑州鑫苑名城项目工地直接面向客户开放，客户得以参与项目开发建造的全过程，从业主晋升为鑫苑的“编外品质官”。

在工地开放日当天，如果遇到客户根据现场情况提出改进需求，鑫苑都会将这些问题如实记录下来，由项目客户关系部门的工作人员将客户提出的问题分类统计成册，并立即组织问题处理会，明确责任单位和处理时限。之后，鑫苑的项目各责任部门还要负责跟踪问题的解决情况，工作人员会把问题的处理进展及时反馈给客户。

从工地开放日的实际效果看，出于自身的居住质量考量，业主提出的意见和建议都非常务实。这些意见真实地反映了市场需求，鑫苑视之为宝贵的财富，并把业主的需求与鑫苑的专业技术相结合，使鑫苑的品质地产体系不断完善，使项目品质更加契合市场需求（见图 4–11）。

为了规范并完善工地开放日制度，鑫苑还在总结以往工地开放活动管理工作的基础上，制定了《鑫苑工地开放日活动指引》，让区域或城市公司项目在举行工地开放日活动时有章可循。

其实，在 20 多年的发展中，鑫苑对品质的追求已不仅仅是对开发项目的要求，而是成了鑫苑的核心价值观。在鑫苑，有一句大家都铭记在心的话：“拿出好的品质、好的服务给业主，是我们的天职。”

对品质的坚守换来的是业主的肯定。鑫苑常年委托国际权威调查机构盖洛普对业主开展满意度调查，结果显示，鑫苑的业主忠诚度和满意度多年来一直处于行业较高水平。

图 4-11 鑫苑通过工地开放日收集客户的意见

第二节　交付服务——让业主收得安心

结果是检验能力和水平的唯一依据。

交房就是对施工水平的检验，也是业主从放心到安心的最后一步。

交房既是具有仪式感的场面，能让业主感受喜悦与尊重，又是验收和发现问题的最后一步流程，能为业主以后“住得舒心”打下基础。

1.“移动验房”把所有细节放大给你看

对于中国老百姓来说，买房子是人生大事。相比购房的其他流程，交房的过程是重中之重，很多时候它充满了仪式感，而这也让房地产开发商感觉肩上的责任重大。如何在交房过程中更好地满足用户的需求和提升服务的品质，一直是品牌房企关注的重点和难点。

工欲善其事，必先利其器。近年来，全国百强房企都在追求以科技手段提升用户体验、工作效率以及服务品质。在这方面，鑫苑不仅积极布局，而且在市场化上还抢先一步，快速落地。2018 年 6 月 28 日，300 多位昆山鑫苑·鑫都汇的业主就在其新家的交付过程中采用鑫苑自行开发的验房 App 进行了“移动验房”（见图 4–12）。

图 4–12　昆山鑫苑·鑫都汇的交房流程

所谓移动验房，是指用户可以通过移动终端进行验房。房企通过验房 App 内置的标准化交房流程操作指引、一站式交房功能，让交房流程标准化、数字化和移动化，给业主带来更好的收房体验。

在传统的验房方式中，工作人员都是靠纸和笔来记录业主对房子的反馈。在这一过程中，业主常常会有很多顾虑。比如，业主会担心自己提出的问题能否被如实记录并反馈给开发商和承建商，提出的问题又何时才能得到整改。

当然，验房的工作人员也有自己的担心：记录下的问题会不会在后续汇总时被记错或者遗漏；整改人员能否准确理解自己的书面记录。

这些问题通过鑫苑自行开发的验房 App 都能得到有效解决。验房工作人员只需将 App 下载到手机或平板电脑上，再打开 App，选择业主的楼栋、房号，就可以让业主对检查清单中列出的上百个项目进行点选，对每套房子的各个房间及各处公共设施进行逐一验收（见图 4–13）。

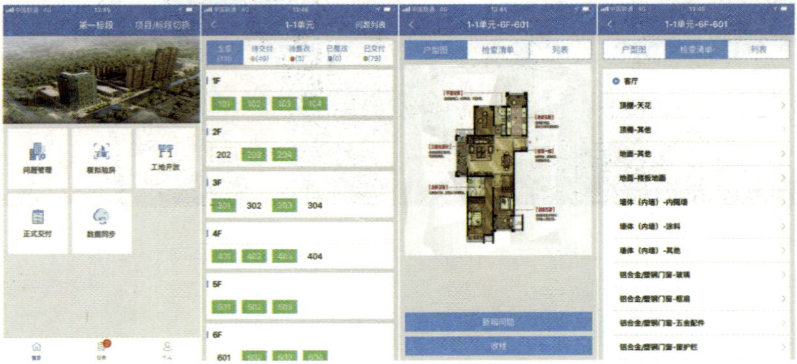

图 4–13　鑫苑自行开发的移动验房 App

如果在某个环节发现问题，陪同业主验房的工作人员会用App自带的拍照功能拍照、圈选，在描述问题以后，即可将问题一键上传。这时，承建商的整改人员会同步接收到消息提醒，第一时间对业主提出的问题进行整改，完成整改之后拍照反馈。

项目管理人员可以在App上直接看到实时数据统计，对验房和整改进度一目了然。在验房完毕后，业主和验房工作人员可以直接在App上签名确认，并生成验房报告，业主还可以通过微信查看问题的整改进度。除了记录验房中发现的问题，这个验房App还可以记录业主收房时的水表、电表和燃气表的数据。

相比传统验房，移动验房优势明显。

第一，效率大大提升。在传统验房模式中，验房工作人员需要将纸质验房清单传递给整改人员，因此，承建商往往需要几天才能收到整改通知。相比而言，移动验房可以让多方实时接收并解决问题，让交付变得简单、快捷。

第二，数据更加准确。在传统验房模式中，验房工作人员需要每天加班将纸质清单中的问题汇总并录入电脑，不仅工作量大，而且难免发生错误或遗漏。而使用移动验房，工作人员可以将现场发现的问题直接上传到系统中，系统可以自动汇总并生成报告。标准化的问题清单和拍照记录问题的方式，避免了工作人员在手工记录过程中容易发生的理解不准确、漏记等问题。移动验房使得整个验房过程清晰，责任明确，所有问题有据可查，便于追溯。

2. 交付不是结束，而是陪伴、服务的开始

交付这一节点并不代表房企与业主关系的结束，而是房企陪伴、服务业主的开始（见图 4-14）。

图 4-14 交付入住是鑫苑陪伴、服务业主的开始

鑫苑认为，将房屋交付给业主，并不代表着房企的任务已经完成。鑫苑希望对房屋进行全生命周期的品质呵护。其中，除了物业的跟进，鑫苑还有一个重要的环节，即客户满意度调查。

现在，品牌房企越来越重视业主满意度调查的开展，因为这

不仅是房企科学确定项目定位的重要依据，更是房企提升项目品质、品牌影响力和核心竞争力的重要管理手段。

对业主进行满意度调查的方法有很多种：入户调查、电话问询、小区内随机访问、网络问卷、业主座谈会……不同的调查方式各有优缺点，而且其中的抽样方法、配额和指标设计是否科学，会直接影响数据质量和结论。不专业的调查往往会造成这样的结果：调查的满意度指标根本不是业主所关注的指标。这样的调查自然也就失去了意义。

鑫苑自开展业主满意度调查伊始，就选择了高起点、高标准的方式。鑫苑委托独立的第三方调查公司做调查，一来可以保证调查的专业性和科学性，二来可以保证调查的独立性和公正性。

为鑫苑开展业主满意度调查的第三方调查公司是业界顶尖的专业机构盖洛普。盖洛普是一家全球知名的民意测验和商业调查咨询公司，由美国著名社会科学家乔治·盖洛普（George Gallup）博士于 1935 年创立，总部位于美国华盛顿，在 20 多个国家有 40 多家分公司。盖洛普发布的调查数据一直是业界公认的可靠数据，经常被全球各大媒体引用。

鑫苑委托盖洛普为鑫苑项目开展业主满意度调查，目的是利用盖洛普强大的全球性权威数据库和调查分析能力，与房地产行业中的标杆企业对标，寻找差距，持续跟踪各种分项指标变化，及时发现问题，提升全方位和系统化的管理能力，同时进一步提升服务业主的能力。

鑫苑的业主满意度调查涉及销售服务、收楼交房、小区规划、房屋设计、房屋质量、公共设施、物业管理、维修服务、投诉处理、客户关怀等多个层面。此调查涵盖鑫苑开发建设和物业服务的所有楼盘社区——不论该楼盘已经交付了多少年。鑫苑通过对业主进行调查访问，倾听业主最真实的声音，收集业主最直接的评价，从而了解自己在住宅开发、商业运营、服务业主等方面有哪些优势需要发扬，有哪些不足需要改进。

对于每次调查得到的结果，鑫苑都十分重视，并开展专题分析研究，尤其是对得分偏低的指标，从而进行针对性地改进，并结合调查结果对相关责任人进行奖惩，以此形成倒逼机制。正因如此，自 2013 年首次开展盖洛普业主满意度调查以来，鑫苑的四项一级指标（业主满意度、业主忠诚度、再购可能性、推荐可能性）呈现出稳步提升的趋势。2013—2017 年，鑫苑的业主满意度总体升幅达到 97.6%，业主忠诚度总体升幅达到 155.6%（见图 4-15）。

图 4-15　鑫苑的客户满意度稳步提升

这些数字的背后凝结着从工程师、设计师、建筑工人到物业管理人员、维修师傅、小区保安、保洁员等所有鑫苑员工辛勤的汗水。奉行客户至上、品质地产理念的鑫苑，未来还将以更加严格的标准要求自己，不负业主的信任和期望，为业主创建更多优质的美好家园。

第三节　物业服务——让业主住得舒心

从买房到入住，不仅仅是场景的转换，更是品质地产由建筑品质到服务品质的延伸。房企要通过物业服务将房子变成家，让社区变成人们幸福生活的港湾。

中国的物业服务历经近40年的发展，从“1.0时代”借鉴英式的管家式服务，从一个项目、一个地区开始探索，发展到现在的“3.0时代”，物业服务理念得到了社会的普遍认可，服务内容也从基本的三保一绿（保洁、保安、保修、绿化）扩展到了产业链上下游及社区服务的方方面面。目前，物业管理行业正在通过创新，加快与资本的对接、与科技的融合，从而加快向现代服务业转型，力求用高质量的服务为业主的美好生活做出贡献。无论从物业的角度还是从业主的角度来看，物业服务企业都承担了重要使命。

在产业与资本嫁接的时代风口，鑫苑物业正在以“泛物业产业运营商”的战略定位，打造高性价比、高服务体验、高满意度三大服务 IP（知识产权），不断挖掘和研究物业管理更深层次的专业价值，致力于构建美好的社区生活场景，重塑市场对于物业服务价值和服务逻辑的认知。

1. 用物业服务打造企业软实力

物业管理一直是考验房地产企业经营理念、服务品质的试金石。目前，鑫苑物业已成为鑫苑的服务抓手，确保了鑫苑的品质标准从开发建造到物业服务的无缝衔接。由鑫苑物业打造的和谐社区、幸福社区、智慧社区和活力社区，已成为品质社区的典范。

鑫苑物业成立于 1998 年，如今已有 20 年的服务经验，其管理对象早已超出鑫苑自身的项目，扩展到整个行业。作为中原的龙头物管企业，鑫苑物业具有国家一级物业管理企业资质，是中国物业管理协会副秘书长单位。鑫苑物业已经实施全国发展布局，建立了全国呼叫中心（见图 4–16）。鑫苑物业在郑州、济南、苏州、成都、北京、天津、上海、西安、三亚、长沙、青岛、武汉、大连、广州等地成立了 30 余家分公司，通过全权委托、股权和合作等方式快速提升管理规模，并以住宅为核心实现了全业态管理，形成了环渤海、长三角和泛珠三角三大核心区域的发展布局。鑫苑物业还曾多次接待国家领导人、政府、行业的参观考察，已然成为行业翘楚。

2018 年 10 月 15 日，由中国物业管理协会主办的第四届中国物业管理创新发展论坛在深圳举行。中国物业管理协会发布的《2018 年中国物业管理行业发展报告》从物业服务特色、商业模式创新、经营能力和社会责任等标准出发，对中国物业行业的企

图 4-16　鑫苑物业全国呼叫中心

业群体进行了客观、公正和全面的评价。其中，鑫苑物业凭借快速增长的综合实力继续领跑中部，在中国物业服务百强企业中排名第 12 位。不仅如此，鑫苑物业的企业发展模式及业绩也被载入了行业发展报告。

“服务品质”是鑫苑重点打造的软实力。鑫苑自创立以来就将物业的服务品质作为对客户的精准切入点进行主抓，并形成了不少切实可行的方法。

对内，鑫苑物业以“客户满意度”为导向搭建了以计划考核、品质管理和信息化支撑三大系统为核心的运营管理体系，形成了从标准建设、品质监督、数据分析、远程管理到绩效考核全过程的内部品质建设体系和监督监管体系。同时，通过大数据分析，形成了以业主体验为核心的服务评价机制，构建了现场服务数据化监管模型。鑫苑物业从企业管理和业主体验两个视角，对现场服务品质进行系统监管，强调结果和过程并重，并将服务品质作为管理底线——服务品质与每个人的绩效考核、提拔任用直接挂钩。鑫苑物业实行一票否决制，从而达到全体人员都重视客户诉求、现场品质的目的，持续提升业主的居住和服务体验。

对外，鑫苑引进了“编外品质官”——盖洛普，通过第三方视角对服务质量进行审视，和行业做横向对比，以便清晰定位。为了使物业服务的各项制度、措施和规范落到实处，真正做到对业主负责、对社区负责，鑫苑物业制定了近乎苛刻的质量标准：公司新接管的物业，一年要获得市级物业管理优秀住宅示范小区的称号，两年要获得省级物业管理优秀住宅示范小区的称号，三年要获得全国物业管理优秀住宅示范小区的称号。在客户满意度方面，鑫苑物业要求公共秩序服务和保洁服务的满意度达到 95% 以上，业主对服务质量投诉的处理率达到 100%。盖洛普调查显示，鑫苑物业评分连年上涨，已成为备受业主信赖的好伙伴。

房子跟汽车一样，也需要维修保养。为了让客户住得舒心，鑫苑物业每年都会结合各社区的实际情况开展维护和品质提升，其中包括很多已经交付多年的老社区。

鑫苑碧水尚景小区位于济南市天桥区，交付至今已有 10 年，逐渐出现设施老化、草坪退化等情况，影响到了社区居民的生活品质。鑫苑碧水尚景小区的物业团队为了改造老社区，集思广益——以手绘的方式亮化迭墙，让迭墙呈现出渐变绿色，不但在整体上给人带来了视觉冲击，而且恰好呼应了碧水尚景的“碧”

字；脱落斑驳的沙池墙皮经过涂画，也变得生动跃然，现已成为小区里人气超棒的儿童游乐场；小区里 32 部老旧的电梯经过翻新整改，档次瞬间提升（见图 4-17）。该小区的物业人员也因此被业主誉为“艺术家 + 实干者 + 专业人 + 万能工”。

图 4-17　济南鑫苑碧水尚景小区的新面貌

在很多鑫苑物业托管的小区，业主都会惊喜地发现，当鑫苑物业进驻小区后，小区面貌焕然一新。

江苏昆山的山水江南就是被鑫苑物业改造过的一个小区。现在，这个小区环境优美，绿树成荫，各处设施完善，业主生活便利。不过，在鑫苑物业到来前，这个小区完全是另一番光景：喷泉池沦为摆设，已经不知道干涸了多少年；楼道的护栏因常年缺乏养护，锈蚀不堪；几个大垃圾筒污渍斑斑，比垃圾还脏；园林小径上满是落叶尘土，已看不出原来的模样；机动车在小区内随意占道停放，业主牢骚满腹……

从接管该项目起，鑫苑物业就派出专业团队到现场进行品质提升指导。通过前期的工作梳理以及与各相关部门的沟通协调，鑫苑物业对园区进行了全面提升：维修水系，打造亮点景观；展开全园消杀工作，对绿植进行日常细致养护；制作园区公告栏、居家安全提醒等标识 1 000 余处；维修园区电子屏，粉刷护栏，更换垃圾桶；布划车位线，清理废旧僵尸车辆，完善车辆信息……鑫苑物业从业主痛点、园区环境改造、设备维护等几方面展开工作，仅用一个月的时间就让小区面貌发生了巨大变化。为了丰富业主的精神文化生活和提高业主的生活品质，鑫苑物业还专门组织了消夏电影、儿童 DIY（自己动手做）绘画等社区活动。这些贴心的工作得到了业主的一致好评，不断有业主通过微信群或直接来到客户服务中心对鑫苑物业的工作人员表示感谢和支持。

近几年来，鑫苑物业又用科技手段助力了服务品质的提升。鑫苑物业结合信息化技术开展服务升级，在“智慧化”发展升级中抢先一步，将运营数据、服务数据、管理数据进行有效集成和分析，并运用可视化的管理平台集中体现这些数据，提升了管理与运营效率。鑫苑物业通过科技创新，形成了一套“鑫 E 家”信息化模式和“云 PARK”（智慧物业 + 智慧社区 + 智慧家庭）智慧化体系。在“鑫 E 家”信息化模式中，业主在家里使用 App 就可以享受费用交纳、报事报修和房产租售等物业服务。不仅如此，鑫苑物业还逐步在各地小区建设线下社区服务中心，使之与线上App一起，形成社区O2O服务的闭环，为业主提供丰富多样的便民服务。

2. “六心”标准让物业服务更温情

托尔斯泰在《家庭幸福》中描述道：“邻里坊间，其乐陶陶，这就是我理想的幸福。”

在传统观念里，房地产行业虽然已经发展了几十年，但物业人员与业主还是像水火不容的两极。然而鑫苑认为，有价值、有品质的物业服务就像润滑剂，其为用户建设美好家园的价值观可以让物业人员和业主跨越一切阻碍，构建起和谐的邻里关系和家人般的亲情关系。

当你乔迁新居正忙得团团转的时候，有人为你送来了丰盛可口的饭菜，这是发生在鑫苑一个小区中的真实事情。原来，物业考虑到业主刚刚搬进社区，对周边环境尚不熟悉，于是开展了“乔迁送家宴送温馨”活动，专门聘请烹饪师傅烧制可口的饭菜，并派工作人员将饭菜送到新业主家中。而业主收到的不只是一顿可口的饭菜，更是一片真情。

在鑫苑的名牌项目郑州鑫苑名家，很多业主都还记得多年前一个冬天经历的一次停水事件。那年冬天的一个下午，由于自来水管道发生故障，社区临时停水。考虑到很多正在上班的业主无法及时储备生活用水，鑫苑物业克服种种困难，借来了消防专业车辆，为社区居民提供生活用水。夜已经很深了，但物业人员还在忙碌，他们在等待最后一批因为加班或其他原因还没有回家的业主。冬天的夜晚寒气袭人，但业主的心却被这种守候感动着、温暖着。

2018年3月19日，在鑫苑物业受托管理的河南驻马店某小区，业主刘女士在停车场关车门时不慎挤到了右手，造成右手红肿且无名指流血不止。鑫苑物业的保安田光辉刚好经过，第一时间将刘女士护送到医院，并帮她挂号、缴费……经医生诊断，刘女士右手骨折，需要打石膏处理。而田光辉一直陪同刘女士诊治完毕，随后又将行动不便的她护送回家。每每谈及此事，刘女士都很感慨："说实话，家人能做到的也不过如此。不夸张地说，在河南，鑫苑物业是我见过的服务最好的物业，物业人员对待业主就像对待自己的家人一样。"而田光辉的想法却很纯朴："实际上帮助刘姐也不是什么大不了的事，在帮助她的同时，我会觉得自己是一个对别人有价值的人，帮到了她，我自己心里也开心。"

田光辉所代表的就是鑫苑人对待业主的一颗诚心。在和鑫苑物业的员工接触时，你几乎听不到"管理"二字，因为在他们的观念中，只有服务。鑫苑人深知，家人般的服务才能真正给业主带来温暖，才是服务的核心。在鑫苑人眼中，理想的房子已经不局限于室内居住需求，也不单是外在的漂亮，一系列细致贴心的服务才是考量一个安心居所的标准所在。所以，鑫苑一直提倡人文文化，而这些文化早已根植在每个鑫苑人的心中（见图4–18）。

鑫苑物业在总结多年物业服务经验的基础上，提出了"六心服务"理念，即诚心、尽心、细心、专心、贴心、热心。这一理念高度浓缩了鑫苑物业的服务精华，集中体现了鑫苑物业以人为

图 4–18　鑫苑物业工作人员与业主

本的服务精髓，把物业服务水平提升到了一个新高度。

在“六心服务”理念中，“诚心”强调的是诚信、真诚的服务思想，它是做好物业服务的基础，也是赢得业主信任的前提；“尽心”指的是竭尽全力的服务精神，只要是物业服务职责范围内的事，就要竭尽全力去做到、做好；“细心”指的是关注细节的服务标准，追求尽善尽美；“专心”强调的是专业化的服务能力，既是对服务技能的要求，也是对服务态度的规范；“贴心”反映的是与业主零距离的人性化服务，这是物业服务人员应该具备的服务美德，要求物业服务人员与业主以心换心，真正做到心无芥蒂，融洽和谐；“热心”指的是服务态度，要求物业服务人员不仅要热爱自己的工作，而且要以热情、积极、主动的态度对待业主。

鑫苑物业一直坚持把“六心服务”理念和“四全服务”模式（全天候、全过程、全系统、全方位）切切实实落在行动中，让物业管理服务行业不再停留在“看好大门”“做好清洁”的初始化状态，而是通过导入场景化体验，建立起有温度的连接，促成行业的内生动力、定位及延伸。

3. 服务理念向海底捞看齐

众所周知，海底捞以对客人的细致体贴的服务而闻名，其服务员总是能为顾客带来超预期的惊喜。海底捞的董事长叫张勇，而鑫苑集团的董事长也叫张勇，他们二人不仅同名同姓，而且在服务理念上也很相似。

2018 年 8 月 3 日上午 9 点，在鑫苑的郑州城市之家小区，业主张阿姨在散步时不慎摔倒，物业管理处的维修师傅丁友红、客服人员杨军伟见状赶紧上前询问情况。考虑到老人可能摔伤，不能轻易挪动，二人迅速联系张阿姨的儿女并拨打 120 求助。这是一个标准救助流程，在这种情况下，丁师傅与杨军伟能做的就是原地等待救援，确保老人不会受到二次伤害。

但是丁师傅做了更多。

在等待救助的过程中，考虑到路面较硬，为了减轻张阿姨的痛苦，丁师傅二话没说就坐下来，让张阿姨靠在自己身上，并不断鼓励她，分散她的注意力，以减轻她的痛苦。等到张阿姨的家人和 120 急救人员赶到，丁师傅因一直保持着这个姿势，用双手撑着地面，已是满头大汗。

相信在很多小区，物业人员对老人摔倒都会有救助行为，但要做到丁师傅这样看似简单却又关怀备至，并不是一件容易的事。即使物业人员经过专业培训，培训时讲师也不会提到“保持一个姿势方便伤者躺靠”，何况丁师傅本行是搞维修的，他的本职工作是修复损坏的路面和漏水的管道。张阿姨的家人发自内心地感慨：“咱鑫苑物业的服务真的是太贴心了！有你们在，我们就觉得安心。”

因为贴心，所以安心，但前提是有心。当人们都习惯了制式微笑时，就很难被感动。

海底捞的服务一直被业界推崇，究其原因，很重要的一点是海底捞对员工成长的关爱。海底捞对员工的培训，可以让员工产生幸福感、归属感和使命感，让员工在工作中不断提升自我价值。鑫苑物业也一直相信，只有物业的员工有归属感和硬实力，才能更好地为业主打造幸福的家园。因此，鑫苑物业十分重视员工的培训与文化生活。

2018 年新年伊始，鑫苑物业就与行业品牌教育机构合作组织了为期 5 天的项目经理精英特训营。鑫苑物业希望通过这样的培训，把自身积累的经验和行业管理的新理念、新方法有效结合，实现自身认知和综合管理能力的持续提升，从而提高项目管控效果和自我运营水平，为公司的整体发展和品牌影响力做增量，实现企业发展的“动车组”效应。我们从训练课程的安排上就可以看出鑫苑物业不凡的追求——“物业发展趋势与物业精细化管理”“互联网时代经营策略与盈利模式更新”“项目管理风险防范与危机公关”“物业项目团队建设及优质客户服务”“非财务经理的财务管理以及沙盘推演”……这些课程既有宏观层面的展望和把控，又有项目管理运营中的具体操作和执行，为鑫苑物业的人才队伍培养注入了新的能量。

2018 年夏天，为了强化品质地产的经营理念和提升员工的服务技能及综合素质，鑫苑物业举行了一场别开生面的维修服务技能竞赛，来自郑州、济南、苏州、成都、西安、北京等地的鑫苑城市公司的 11 支代表队在郑州展开了一场维修服务技能大比拼。比赛的内容很丰富，包含理论知识考试、技能实操及服务情景模拟等环节。第一轮考查的是员工对体系文件、岗位标准、企业文化等知识的掌握运用；第二轮考查的是员工的实战能力，通过铁艺维养、强电检修、水暖检修等技能展示，对维修服务的规范化、专业性进行全面考量；第三轮从服务意识、礼仪礼节、App 工单操作等方面检验了员工入户维修的服务流程执行水平。

类似这样的比拼在鑫苑还有很多。比如，为了提升团队服务能力，共筑平安家园，鑫苑物业每年都会在全国范围内举办安全服务技能竞赛。2018 年，第 17 届安全服务技能大赛在郑州鑫苑名家的南广场如期举行，来自郑州、济南、苏州、北京等地的代表队参加了比赛（见图 4–19）。比赛分为公共秩序员知识理论考试、岗位业务情景模拟、技能实操和消防演习四个部分，充分展示了参赛队伍的各项专业技能，也吸引了众多业主驻足观看。很多业主表示，看了比赛以后才知道，在专业服务的背后，物业人员付出了多大的努力。

鑫苑物业聘用了大量进城务工人员和下岗人员做安保工作，不仅工资标准较高，各种福利待遇完善，而且从不拖欠一分钱工

图 4-19　鑫苑物业技能大比武

资。安保人员中还有不少退伍老兵，他们中的很多人都立过功，虽然现在卸下了戎装，但他们军人的风骨犹存。在工作中，他们仍以军队的标准严格要求自己，并带动其他安保人员共同提升服务水准（见图 4-20）。每年建军节，鑫苑物业都会向员工中的所有转业、复员和退伍军人致敬，感谢他们的辛勤付出。有人说保安这个工种人员流动性大，是铁打的营盘流水的兵，可是鑫苑物业聘用的安保人员却比较稳定，因为大家觉得鑫苑物业是一所学校，是培养人的地方，来了就不愿意离开。即使有人离开去了别的公司，也都因为过硬的业务素质成了领班或经理。

图 4-20 正在小区中巡视的鑫苑物业安保人员

4. 什么是鑫苑物业“XIN 服务 3.0”

世界营销学大师菲利普 · 科特勒指出：“优秀的企业满足需求，伟大的企业创造需求。”全球知名企业苹果公司就是通过不断地创造需求、给客户带来极致体验而受到青睐。从满足需求、引领需求到创造超值体验，鑫苑将制造业的质量感悟应用到物业服务中，认识到唯有打破传统思维，以拉动作用发现和满足业主潜在的高层次和多元化的需求，才能让业主体验高层次的“质量”，才能实现高品质的服务。

在近 40 年的时间里，中国物业管理行业经历了跨越式的发展。如今的物业行业正在通过创新加快向现代服务业转型，并得到了包括资本市场在内的诸多领域的关注。随着新消费模式的升级，消费者对服务的需求也在提高，因此，企业提供服务的能力需要升级迭代，而服务在这个时代可以被重新定义。

在目前行业转型变革的关口，鑫苑物业以最新定位——泛物业产业运营商——于2018年7月21日发布了“XIN服务体系3.0”，以开启行业内新一轮的服务认知，提升服务标准，引领行业服务体系的健全与完善（见图4-21）。

图4-21 鑫苑名家智慧社区指挥中心

“XIN服务体系3.0”是“鑫服务1.0”（人与人之间的链接，

让房子变成家，让社区有温度）和“鑫服务 2.0”（人与物之间的链接，由人向空间延伸，让家更舒适）的蝶变，是对鑫苑物业“六心服务”理念的传承和升级。该服务体系由原来的一对一的客户为核心转化为业主和员工双核驱动，通过激活员工潜能，保证高品质、高体验感的服务得以有效执行。

在具体的服务设计上，“XIN 服务体系 3.0”强化了物业公司高性价比、高满意度和高服务体验的三大服务 IP，从聚焦客户体验、激活员工潜能、打造服务特色和细化场景设计四大维度进行服务体系的打造，集标准化、亲情化、差异化和个性化服务理念为一体，共计梳理了 108 项业主触点、498 条服务内容。

“XIN 服务体系 3.0”具有传承性、包容性、创新性和开放性，为物业公司持续强化服务 IP，提升服务感知和服务口碑，以及提高业主黏度提供了助力，为泛物业产业生态布局和发展提供了基础保障。“XIN 服务体系 3.0”还对服务动作和服务内容进行了进一步提升——关注业主感知，打造 6S 服务体系，即从视觉、听觉、触觉、味觉、嗅觉和知觉六个方面带给业主全方位及立体化的服务体验。

此外，“XIN 服务体系 3.0”还着重强调对于不同场景中业主个性化需求的满足。“XIN 服务体系 3.0”通过分析业主对社区生活不同场景的切实需求，根据场景需求进行个性化的服务设计，再通过满足个性化需求，使物业服务更有针对性，提升业主对服务效果和服务内容的直接感知。“XIN 服务体系 3.0”的场景化设计改变了以往生硬的标准化约束和规定，将物业服务标准按动线、时间、触点和节日等维度分成不同的场景，再将服务标准与场景融合，给出各类场景服务方案的建议，并让全员参与场景设计，不断地细化和丰富场景体验。

在打造指向精确的客户体验上，“XIN 服务体系 3.0”将社区视为一个整体，以管理大数据和服务大数据为基础，对社区生活服务需求以及业主居住环境数据进行了精准定位和实时分析。围绕服务运营管理、设备管理、社区服务、产业融合、家庭互联和智能应用等八大方面的信息化系统建设，鑫苑物业以“大数据 + 服务”“大数据 + 管理”多触点数据为切入点，基于“需求—策略—资源管理”模型重构服务模式，以整合服务资源，优化服务策略。

其实，“XIN 服务体系 3.0”并不是对“鑫服务 1.0”和“鑫服务 2.0”的简单升级，而是在把握时代发展趋势之下，服务供给随需而动，以“人 + 物 + 空间服务”的有机组合系统扩容至对客户、对社区和产业生态的服务纬度。鑫苑物业希望通过这种方式，满足业主对美好生活的需求，赋能社区，构建开放、包容的社区生态系统。

纵观市场，物业服务现在已经形成了自己独特的资本运作方式，如行业收购、融合、加盟等。鑫苑物业也通过发展动力转换，以更强的资源整合与资本运用能力革新产业运营方式，全面构建了独具特色的一主多辅泛物业产业生态。现在，鑫苑已全面启动泛物业产业生态布局，相继落地房屋经纪、长租公寓、社区教育三大产业。

移动互联网、物联网等技术与智能硬件等产品已经进入千家万户，与老百姓的生活、工作密切相关，这也给物业服务带来了新的挑战和机遇。新型科技产品的不断渗透，让物业服务正从一个简单密集型的劳动产业向具有高新科技含量的创新型服务产业转变。物业服务如何保证品质并与房地产开发相辅相成，如何最大限度地拥抱科技变化并满足客户的个性化需求和保证服务的安全高效，已经成为全行业探讨的热点话题。鑫苑认为，要想从时代中脱颖而出，改革与创新是最终的选择。消费升级时代已经到来，这也意味着新的连接方式正在产生。围绕社区消费升级，鑫苑物业正以大物管、大资管、大商管为核心，以解决业主社区生活服务痛点和提升社区居民居住体验为出发点，打造产业布局的虹吸效应。

第五章　品·味

第一节 宜居鑫苑

老一辈人的房屋概念局限于“楼房”“带厕所”“有阳台”，以及满足基本的室内居住需求，但随着时代的变迁，房屋的概念也变得丰富起来。

在房地产行业从盲目到理智的发展与嬗变过程中，我们不难发现房地产市场发展经历的三个阶段：

第一阶段——人们追求住楼房，房子不缺买家；

第二阶段——人们追求居家的完美，装修、功能、布局、朝向等因素进入购房者的考量范围；

第三阶段——人们追求居住环境的优雅，以及物业服务带来的舒心体验。规模大、配套完善、环境优雅和服务贴心的房地产项目倍受市场追捧，即使远在郊外，人们也趋之若骛。

俗话说“买房一阵子，住房一辈子”，为了让业主住得方便和舒心，鑫苑在各种生活配套设施上做足文章，坚决向“孤城”说不。在确保购物、教育、医疗、金融、娱乐等设施与小区全方位配套的同时，鑫苑以优质的服务赢得了业主的赞誉，硬件和软件双管齐下，打造了真正以人为本的宜居社区。

1. 以完备的配套设施打造便利生活

看电影、逛商场、涮火锅、打游戏……一般来说，集美食、购物和娱乐于一体的一条龙服务往往只能在市中心商业街或大型商业广场享受到。而随着城市越建越大，年轻人住得离市中心越来越远，工作也越来越忙，到商业中心逛街、吃饭、看电影对他们来说成了一件奢侈的事，通常只能逢周末才去逛上一次。因此，如果小区旁边就有电影院，人们加班回到小区后仍有时间看一场电影，而且看完走几步路就能回到家中美美地睡上一觉……这对上班族来说该有多惬意！

小区的生活配套设施是为居民创造卫生、安全、宁静、舒适、方便的居住环境所必需的住宅附属设施。鑫苑认为，一个好的小区，内部配套设施必须是照顾到全年龄人群的生活的，满足社区所有业主的日常生活、休闲和娱乐需求的，其水准甚至不亚于市中心商业街所能提供的服务。

以鑫苑早期开发的郑州鑫苑名家项目为例，这里早在2004年就引入“泛会所”概念，构建了一整套完善的社区生活配套设施，在小区内建设了郑州市最大、面积达4 800平方米的鑫苑国际生活俱乐部。鑫苑国际生活俱乐部里既有恒温游泳池、国际化标准的网球场、攀岩馆、壁球馆、阅览室、台球室、乒乓球室、棋牌室等生活娱乐设施，又有多功能会议厅、会客室等商务设施。在鑫苑名家社区的商业步行街上，超市、邮局、银行、干洗店、面包房、美容美发店等一应俱全，业主基本上不用出小区就能享受到所有日常的生活服务……在十几年前，能达到如此配置标准的小区并不多见，即便放到今天看它都不落伍。

完善的配套设施不仅能给业主的生活带来便利，还是房子保值、增值的重要砝码。鑫苑旗下的商业地产平台——盈怀商业围绕鑫苑的自有物业在鑫苑开发的项目中植入了优质业态，比如济南鑫苑世家公馆的双名校、郑州鑫苑鑫中心的大数据社区健康医疗中心、郑州鑫苑 · 鑫都汇的互动式儿童游乐中心，以及在很多鑫苑项目中落地的悦玛特主题超市和星空影城（见图 5-1）……完善的配套设施能让鑫苑开发的房地产项目从生活、购物、教育、

图 5-1 星空影城在很多鑫苑项目中落地

娱乐、医疗、金融等多个维度，为业主构建丰富多彩的品质生活，也让鑫苑的房子有了更大的增值空间，业主的满意度自然就高。

结合鑫苑每个项目不同的体量及周边原有的设施配套状况，鑫苑旗下的盈怀商业以商业管理、智慧科技、文化娱乐、医疗健康为四大支柱产业，将泛商业零售、影院娱乐、大健康医疗等新零售业态与智慧商业管理平台进行了良好的优化与组合，细分出了大都汇、鑫都汇、摩邻天地、鑫苑广场等多种不同的产品线，从而满足不同项目对商业配套服务的需求。

其中，大都汇系列（见图 5–2）是大型购物中心，是集住宅、办公、生活、娱乐等于一体的商业综合体；鑫都汇系列的定位是

图 5–2　定位于大型商业综合体的鑫苑大都汇

社区生活邻里中心的社区商业（见图 5-3），从“油盐酱醋茶”到“衣食住行闲”，为周边业主提供一站式服务；摩邻天地系列的定位是社区生活邻里产品，以生活服务为核心。

图 5-3　定位于社区生活邻里中心的鑫都汇

据相关机构发布的数据显示，在欧美国家，社区商业占据了整体社会商业总支出的 60%~70%，而中国还未达到 30%。在网络购物的冲击下，国内的购物中心叫苦不迭，但整个行业却仍在稳步增长，这是因为消费群体正在转移场景——邻里商业。所以，对于国内的邻里商业行业来说，这 30%~40% 的潜在份额将会是一块大蛋糕。

而零售模式的转型将是邻里商业面临的一大挑战，家庭式的小店营业模式已不能适应未来的趋势，众多相同业态的品牌之间的竞争也异常激烈。此时，邻里商业需要的是一家能够提供定制化或是标准化邻里商业模式的商业管理公司，而盈怀商业就以这样一个实践者的形象出现了。

什么样的邻里商业才能打动人心？盈怀商业的社区生活产品——摩邻天地提供了一个可供参考的样本。

摩邻天地的产品定位是服务于邻里、社区，而盈怀商业设计摩邻天地的根本逻辑就是以智慧科技提升服务与体验感。摩邻天地扎根于住宅区，将日常生活的一条龙业态放到了一个“商业盒子”里。与综合体、社区超市相比，其兼顾了两者的周末型消费力与日常型消费力，并且科技配套与体验感是它的一个亮点。

任何一个邻里商业中心都是以“以人为本”的逻辑去搭建属于自己的特色社区商业平台的，而且与邻里商业打交道的人都是进进出出的业主，因此邻里商业需要满足他们从“油盐酱醋茶”到“衣食住行闲”的每一个需求。而摩邻天地作为一个统一化的运营管理平台，有足够的能力从业态上进行合理布局，开展多渠道营销策略，最终在服务客户的准则之上与商家达成合作共赢。

盈怀商业认为，精准定位才是未来邻里商业的发展方向；在商业配套层面，质比量更优，“贴心”胜于规模。摩邻天地的业态占比显示，整个邻里商业是以生活消费、儿童娱乐、儿童教育、餐饮、便民服务为主导的，占比分别为：购物 40%~50%，餐饮 30%~40%，儿童娱乐 10%~20%，儿童教育 10%，便民服务 10%。

在为摩邻天地设计业态时，盈怀商业也站在客户角度思考了另一个问题：在帮助人们缩短购物消费距离的同时，如何提供不亚于大型购物中心的服务，而且让服务更贴心、更专业？鑫苑集团参股的星空影城正是摩邻天地专业化、贴心化服务的一个样本。星空影城集全景声、XMAX 激光巨幕于一体，目前已在郑州、合肥、西安、无锡、固安、天长等市县的鑫苑项目中落地，其超大的营业面积和众多特效观影技术，可以为社区居民提供丝毫不亚于其他影院的观影体验。除了影院，盈怀商业未来还将通过整合更多的第三方资源，如书店、简餐、音乐演艺等，为摩邻天地建立多元化的体验业态，满足鑫苑业主的休闲和娱乐需求。

智慧商业一直是盈怀商业着力探索的领域。盈怀商业自主研发的盈怀云智慧平台，涵盖企业办公、资产管理、招商定位、运营分析、信息交互和会员营销六大系统，是盈怀商业的核心竞争力。具有科技属性的智慧体验中心将是未来商业发展的趋势。盈怀商业未来将会与小米之家、苏宁优趣、乐语 Brookstone（电子产品品牌店）、京东线下体验店等具备科技体验的品牌进行更为密切的结合，打造更为贴近消费者的智慧邻里中心。

2. 以名校消除家长的后顾之忧

“可怜天下父母心”，用这句话来形容中国家庭对子女教育的关注最为贴切。在全世界，恐怕都难以找出比中国父母更重视子女教育的父母。

教育于国，是长期发展的战略；教育于家，是父母倾注的心力。对于房企而言，发展教育更是一件惠及民生的大事。鑫苑开发的项目，别的配套设施都齐了，怎能少了教育设施？百年大计，教育为本。在鑫苑项目的开发过程中，教育配套资源一直是开发者着重考量的部分。

以鑫苑的大本营河南郑州为例，历来是郑州教育高地的金水区承载了不少人的名校梦。金水区一直是郑州的中心城区，道路、学校、医疗等配套设施都是最好的，早在 2001 年便成了首批国家基础教育课程改革试验区，汇集了数量庞大、品质优良的小学和初中等基础教育机构。而坐落在金水区最繁华街区的鑫苑名家项目着眼长远，抓住了优质的教育配套资源，在郑州一度名声大噪。

有人说，花 100 万元也许可以买到好房子，但是只有花 1 000 万元才能买到好邻居。远近闻名的郑州市七十五中就是郑州鑫苑名家的“好邻居”，这使得鑫苑名家的二手楼盘的价格比周边其他楼盘的价格高出三分之一还多。鑫苑名家之所以能够一枝独秀地成为全市名盘，重要原因之一就是教育配套——河南省最好的小学和幼儿园都在这个项目里面，因此，现在这个项目的学位基本上已经一位难求。

优质教育地段数量有限，并不是所有小区都能享受与名校为邻的待遇。因此，在自办教育方面，鑫苑也有一套。

在一些配套教育设施和资源不完善的社区里，“民房幼儿园”趁机野蛮生长：在居民楼内租几间房子，挂上块牌子，就开始对外招生。这样的“民房幼儿园”不但教学质量得不到保障，有的还存在安全隐患。

如何根除“民房幼儿园”的危害，让孩子享受高质量的幼教？在鑫苑看来，这不但是幼教机构和主管部门的责任，也是房地产企业的责任。早在 2011 年，鑫苑就与中国学前教育领导品牌东方剑桥教育集团携手打造了高品质双语幼儿园，在项目中引入了国际知名的幼教理念和国内一流的幼教课程，助力缓解学前教育“入园难”的问题。在前面提到的鑫苑名家项目中，鑫苑也出资引入了优质幼儿教育机构英格贝尔，在学前和幼儿园之间做好了衔接教育。作为鑫苑名家的配套设施，英格贝尔和大多数郑州幼儿教育机构相比，不仅价格亲民，服务内容也十分丰富，包括绘画、舞蹈、作业辅导……这些课程与学前教育相互补充，深受业主欢迎。

在郑州二七区的鑫苑名城项目中，鑫苑专门配建了一所鑫苑小学，建成后无偿移交给郑州二七区政府成立了公办小学，并引进了优质教育资源——河南省实验小学（见图 5–4 和图 5–5）。学校采用高标准设计和建造，运动场的建筑面积达 6 000 平方米，200 米标准环形跑道、足球场、篮球场、羽毛球场、沙池、游戏场等场地的设施一应俱全；学术报告厅的建筑面积达 2 500 平方米，有上下两层，设有排练室、音响室、灯光室等，可容纳 500 人，能够满足区域内学术交流活动和校内各种文体活动的需求，真正实现了“高起点、高质量、高标准”的办学目标。未来，鑫苑小学将秉持“品质化、信息化、国际化”的发展方向，坚持“本真”的教育理念，将自身打造成二七区义务教育阶段新的亮点和名校。

鑫苑小学的落成，让鑫苑名城业主尽享名校资源便利，让业主的孩子从小沐浴氤氲书香，赢在起跑线上。对于鑫苑集团出资配建学校的行为，鑫苑小学的校长孙保国感慨：鑫苑与二七区政府的联合办学将会载入二七区的教育史册，其对于优质教学资源的配置共享以及二七区整体教育水平的提升，具有重要意义和深远影响。

图 5-4　鑫苑为郑州鑫苑名城项目配建的小学

图 5-5　郑州鑫苑名城项目配建的小学的教室

第二节 健康鑫苑

作为全面关注业主生活品质的企业，鑫苑自然也非常重视业主的健康问题。

在经济高速发展的同时，中国人口的老龄化速度也在不断加快。据全国老龄工作委员会的统计数据显示，2015—2035 年，中国将进入人口急速老龄化阶段，老年人口将从 2.12 亿增加到 4.18 亿，占总人口的比重将提高到 29%。目前，中国老年空巢家庭率已达 50%，大中城市达 70%。

鑫苑早就敏锐地观察到，与朝九晚五的上班族以及每天圈在校园里的孩子相比，老人是居住和生活在小区时间最长的人，而老人的身体机能又日渐退化，健康就成了他们的头等大事。所以，一个高品质的社区，必须将解决老年人的身体健康问题作为生活配套的重点，尤其是那些没有子女陪伴照料的老人，更需要社区为他们提供全面的健康服务。

1. 把健康体检中心建在家门口

我国 80% 的医疗资源集中在 20% 的大城市，老百姓看病都集中在大医院，这导致看病等待时间长，住院床位紧缺。健全社区医疗网络，让群众“小病进社区、大病进医院”，是解决我国看病难、看病贵的主要手段之一。

然而，现实情况不尽如人意。尽管不少社区都有诊疗所，但人们还是不管大病小病都往医院跑，即使有分诊，也是大病去大医院、小病去小医院。毕竟，不管大病小病，对老百姓尤其是老年人而言，都是一件很重要且必须严肃对待的事，而正规专业医院给予人的信心是社区诊所所不能比的。因此，为自己的身体健康着想，老百姓觉得跑一趟医院，除了要排队之外，不存在大的麻烦。

那么，社区医疗应如何开展呢？

鑫苑认为，相比医院，社区医疗的实践重心应回到“生活”，因为社区医疗的价值和意义在于它更贴近生活——这里不但有医生和保健服务，还有朋友和社交。

对于健康而言，预防大于治疗，尤其是对老年人来说，当病症明显时才去看医生，疾病往往就很严重了，所以目前体检十分流行。但是，去一趟专业体检中心往往费用不菲，交通上对老年人来说也很不方便。因此，如果体检机构就在小区周边，老百姓平时能够很方便地了解自身的健康情况，有意识、有针对性地加以改进，就能够有效预防疾病，保持自身的健康。

而且，体检对于工作人员的专业能力要求并不是很高，它主要是由专业的仪器来检测的。无论是大医院还是体检中心，做出的体检结果都大同小异，因此社区的体检服务并不会被医院挤压。

基于这些考虑，以体检服务为龙头，以中医中药为特色，以家庭医生为重点，以门诊诊疗为主导，以健康管理为导向，以人群健康为目标，成了鑫慈健康服务中心的六步战略。

鑫慈健康服务中心是由鑫苑与郑州豫慈体检中心联合打造的社区化一站式健康服务机构，专为社区消费者提供体检、门诊治疗、中医养生、脊柱调理、口腔卫生和美容护肤等家庭健康管理服务（见图 5-6 和图 5-7）。

图 5-6　鑫慈健康服务中心的候检区

图 5-7　鑫慈健康服务中心的休息区

在鑫慈健康服务中心，体检中心、急诊中心、名医诊疗区、妇科诊疗区、儿科诊疗区、中医康复区、口腔特色诊疗区一应俱全，真正实现了服务进社区，社区全覆盖。考虑到现在很多社区里老年人居多的实际情况，在常规的体检项目基础上，鑫慈健康服务中心还专门增设了 CT（电子计算机断层扫描）、骨密度、TCD（无创经颅多普勒）、动脉硬化检测等特色体检项目，并设立了老年病诊疗区、老年运动康复区、传统中医理疗康复区、老年健康教育休闲区，开设了中药饮食文化课堂、中医外治体验课堂、居家艾灸调理课堂、中医功法（锻炼）课堂、中医诊法调理体检课堂。因此，老年人来到这里，可以学到不少医疗保健知识。

如今，大数据、人工智能正引领国人走向智慧生活。对于医疗、健康来说，大数据更是意义非凡。鑫慈健康服务中心的所有健康数据将被整合、储存，最后结合鑫苑物业应用到业主生活的方方面面，从而在利用创新科技改善业主生活品质的同时，提升智能物业的管理成效。

为了保证鑫慈健康服务中心的品质与管理，初涉医疗的鑫苑也有自己的独到之处。鑫慈健康服务中心的运营团队由郑州当地的一家医疗机构组成，他们会提供专业的医疗服务，同时借助鑫苑的平台将自身的医疗服务做得更大。这符合鑫苑“共生共赢，合作分享”的文化机制，在对外合作中，鑫苑也一直强调让专业的人来做专业的事。对于鑫慈运营团队的服务品质，鑫苑会定期进行检查，并对服务口碑进行测评，以保证鑫慈健康服务中心的专业性与权威性。

鑫慈健康服务中心落地社区，不但方便了业主解决日常的身体健康问题，也让鑫苑小区受欢迎的程度又增加了几分。

2. 将关爱辐射到更广泛的人群

鑫慈健康服务中心不仅为鑫苑业主及周边居民提供了以健康体检为龙头、以健康管理为导向的社区化一站式健康服务，还一直在帮扶需要帮助的贫困老人和儿童。

在一次关爱老人百岁健康捐赠活动中，鑫慈健康服务中心为郑州200位生活有困难的老人提供了价值100万元的健康费用——每年由鑫慈健康服务中心出资为每人提供价值5 000元的健康体检、康复治疗、口腔护理保健、健康管理等服务。鑫慈健康服务中心高端的检查设备，配以省内知名专家、专业化医疗团队，让这 200 位老人每年都能免费享受到全面的体检和就医服务保障，从而拥有健康幸福的晚年生活。前来参加体检的鑫苑业主王阿姨无儿无女，老伴也已过世多年，她说道："我年轻时落下一些毛病，身子骨不硬朗，这次体检我们几个老姐妹都来了。鑫苑为我们老年人提供这么周到的服务，作为业主，我既感恩，又自豪"。

在 2018 年的六一儿童节到来之际，鑫慈健康服务中心在驻马店博世学校为近 400 名贫困学生进行了公益爱心体检（见图 5-8）。博世学校的学生都来自困难家庭，双亲生病、单亲家庭和留守儿

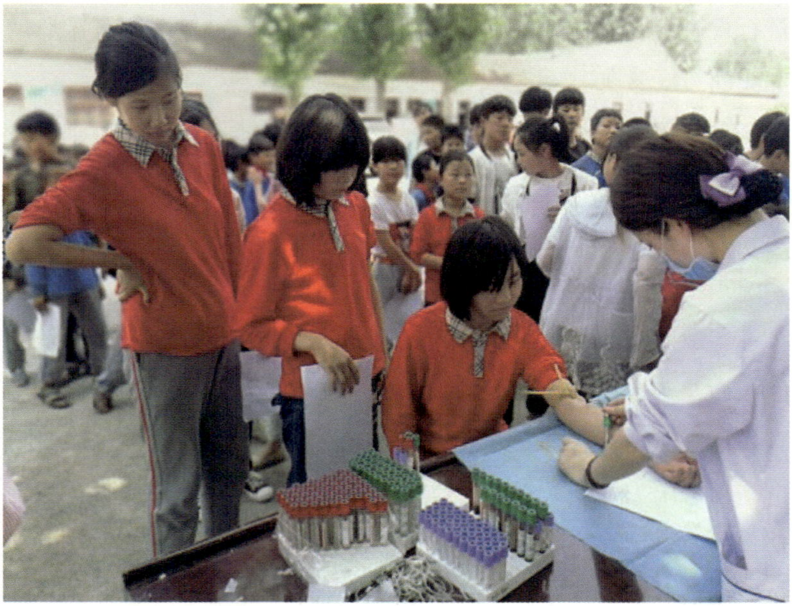

图 5-8　鑫慈健康服务中心为贫困学生进行公益爱心体检

童的比例很高。从某种程度上来说，这些学生甚至比孤儿更需要帮助，因为孤儿有政府机构救助，但是他们没有，所以他们更需要社会的关爱。在这次体检过程中，鑫慈健康服务中心发现这些贫困孩子普遍存在牙病，于是后期又专门给这些孩子捐赠了价值 2 万多元的防龋齿牙膏。

未来，鑫慈健康服务中心将作为鑫苑智能化地产的配套设施来服务社区，打造家庭健康管家式的专业服务中心，以“孝慈感恩、关爱家人”为宗旨，真正实现“健康服务进社区，鑫苑社区全覆盖”。

3. 高标准净化系统让业主告别亚健康

家居环境与人体健康息息相关，现在，污染问题已成为威胁健康的“隐形杀手”。这几年，雾霾让“同呼吸、共命运”这句话有了另一层含义，无论男女老少，贫富贵贱，雾霾都会带来无差别伤害，因此，空气净化装置、水净化装置开始越来越多地走入家庭。鑫苑在旗下一些项目中，也专门配置了高标准的空气净化系统和水净化系统，以便为业主营造健康的小环境。

有数据显示，人的一生有 80% 的时间是在室内度过的；68% 的疾病与室内空气污染有关；亚健康家居环境对人体的伤害要比室外污染高出几倍。一般而言，人们在市场上购买的空气净化器由于功率不够，功效往往只局限于某一个房间，很难做到将整个房子的空气彻底净化。工业级的中央空调的新风系统虽好，却脱离大众消费市场，普通人很难购买，而且安装也非常麻烦。

鑫苑早就考虑到了这一点，以郑州鑫苑国际新城为例。鑫苑国际新城在交付房屋之前就引入了科学通风、健康节能的中央新风系统，其可有效过滤粉尘和细菌，PM2.5 过滤率超过 98%。这种新风系统可以 24 小时换气，让房子时刻保持循环鲜氧，业主在家里就可以呼吸到和大森林里一样的新鲜空气。

小环境的健康离不开大环境，郑州鑫苑名家在室外还配备了雾森系统。该系统应用于北京奥运村、上海世博会等重要园区，能打造 360 度立体鲜氧环境，释放负氧离子，杜绝居住环境污染，让社区居民享受得天独厚的纯自然 SPA（水疗美容与养生），同时兼具除尘、降温、保湿等多重效果，让业主每天回家都像是一场穿越森林的旅行。

除了空气，饮水对人体健康也至关重要。郑州鑫苑名家给每户都配置了净水系统，这种系统采用反渗透膜净水技术，能严格过滤自来水中的重金属、细菌等有害元素，让净化后的水质达到欧美发达国家的直饮水标准，每一次入口的甘甜，都让业主幸福满溢。

第三节 人文鑫苑

社区文化建设是城市文化建设的重要组成部分，但是，如何建设社区文化，建设什么样的社区文化，则能反映出房地产开发企业不同的追求。

一些房地产开发企业和物业管理企业过分追求商业价值，并未重视文化建设。因此我们常常会看到，很多小区的楼宇虽盖得气派漂亮，但缺乏精神、活力和灵气，社区里的人际关系冷漠，死气沉沉。

鑫苑开发的项目之所以能够赢得业主和社会各界的好评，得益于在规划、设计、建设中体现出来的领先同行的文化理念，得益于把文化建设引入社区建设的战略眼光，得益于对文化建设的探索和实践。

1. “三个回归”总结出社区真谛

鑫苑在项目规划设计和物业管理中，始终强调“三个回归”

和“一个面向”。鑫苑从创业早期开发且在市场上引起巨大反响的鑫苑名家项目开始，就以“让居住与世界同步”为目标，明确提出“三个回归、一个面向”的开发理念，即坚持面向未来，把人性回归、亲情回归和艺术回归紧密结合，这也成了后续鑫苑开发社区的蓝本。

所谓“三个回归”，第一个是指从传统住宅区建设的以物为中心向以人为中心转变，实现规划设计和管理思想的人性回归。

人是房屋的主人，社区建设的根本目的是为了满足人的生活和精神需求，房地产开发必须以人为本。但是传统的以物为中心的住宅建设观念，将居住内涵简单化为单纯的“住”，忽视了人类聚居生活的社会性内容，对人的精神文化等社会性需求重视不够，使得城市居住区的日常生活单调乏味，无法满足人类在聚居生活中相互交往和交流思想情感的需求。因此，居住在此的人很难对社区环境产生认同感，更难形成归属感和依恋感。

鑫苑在成立之初就明确提出，要彻底摆脱以物为中心的传统规划设计思想的影响，坚持以人为中心的设计理念，认真研究人，尤其是人的需求。开发运营团队特别要研究在物质生活需求已基本满足的条件下，人对精神、文化、信息、知识、健康、艺术、交往、沟通等方面的需求，研究人们在心理上对亲情的期盼、对社会的关注、对环境的归属和对家园的依恋，从而使社区在满足人们物质生活便利和舒适的基础上，尽可能满足人们“人性回归”这一深层次、高标准的需求（见图 5-9）。

图 5-9　鑫苑认为，社区规划设计要满足人们对亲情的需求

第二个回归是指在小区人际关系构建上，从注重管理和服务向全方位推进人与人之间的相识、沟通、理解和友情转变，实现城市居住区的亲情回归。

城市社区的居民来自五湖四海，彼此鲜有交集，社区邻里也不再是传统概念上的邻里关系。很多住宅小区的人际关系实际上变成了物业公司与居住者之间的管理被管理、服务被服务的关系，而业主之间的交流往往被忽视。房地产开发企业和物业企业在用于人际交往和聚居需要的场地、设施上舍不得投入，各类组织业主联谊和开展活动的职能机构也很缺乏。这是造成一些小区缺乏活力、吸引力、凝聚力的根本原因。

鑫苑从一开始就深入研究人在本质上的社会性，研究邻里之情对于人的价值，研究增进人与人之间感情的各种有效途径，研究增进邻里之情所需的必要设施、场地和组织，在社区文化建设上投入了大量资金和人力。通过切实有效的沟通、联谊和文体等邻里活动，鑫苑使小区的社区文化功能形成特色，对业主产生巨大的文化吸引力，使业主真正把社区当成了自己可以依恋的家园。

第三个回归是指在生活方式和生活环境的构建上，从注重室内方便、舒适和注重外部环境绿化向努力营造充满美、传播美、创造美的生活环境和生活方式转变，实现城市生活的艺术回归。

法国的一位建筑大师曾说过："让我看一眼你的城市，就知道这里居住的人的生活、文化和品味。"毋庸讳言，国内一些社区由于过分追求商业利益，单纯考虑满足人的居住需求，把房子盖得千篇一律，没有任何个性和文化味道。

生活的真谛是对美的追求，生活质量的提高，从本质上说就是遵循美的规律，因此，对美和艺术的追求是生活的最高境界。充满艺术感染力的生活环境，具有吸引人、教育人和熏陶人的独特作用。鑫苑一直把创造美的环境，打造充满艺术性的生活作为重点工作：在小区布局上，摒弃了简单化、整齐划一的传统设计，创造出错落有致、曲径通幽、有园林艺术气息的总体效果；在绿化和小区环境上，摒弃了过分平面化、绿而不美、大而不精的设计，增加了立体、动态的绿化效果，层次清晰、相得益彰；在每座建筑物的外形设计上，摒弃了一张图纸盖到底、几十栋楼一个样的设计方式，努力增加楼宇的艺术个性，让业主每一眼都能看到艺术画般的效果；在小区雕塑设置上，以艺术品的标准来设计和建造，注重游乐性、装饰性，雅俗共赏、体量得当，形成公共环境中的艺术点缀；在小区文化生活上，精心安排业主参与的美术、音乐、舞蹈、戏曲等活动，使小区成为艺术乐园。

“一个面向”，则是在强调设计思想上的超前意识，即始终坚持面向未来。

开发建设一个社区的周期只有三五年时间，但业主的居住使用时间却长达几十年。鑫苑在项目设计上充分考虑了社会发展变化和城市化加快、社会收入分配和生活方式多元化等因素对业主的影响。对此，鑫苑董事长张勇一直在强调：一定要按照“一百年不落后”的标准来做规划建设，使社区的建筑、环境和文化不仅适应现在的需求和消费，而且能够体现出对需求和消费的超前引导，让社区为业主不断带来价值增长。

2. 是什么吸引了地产同行安家鑫苑

在诸多的服务细节中，精彩的社区文化活动是鑫苑的一张王牌。

2018 年 8 月，鑫苑物业在郑州组织了一场“鑫风尚 • 星闪耀”业主才艺大秀。这次大赛，鑫苑物业花了两个月的时间筹备，共有近 500 组业主参与其中。在参赛人员中，年龄最小的仅 7 岁，最大的已经 67 岁。决赛现场，歌曲、乐器、舞蹈、旗袍秀、武术、普拉提等各类才艺轮番上演，14 组明星业主精彩的才艺表演给大家呈现了一场美轮美奂的视觉盛宴，不仅赢得现场观众的阵阵掌声，还吸引了周边众多居民驻足围观。

为丰富业主的精神文化生活，鑫苑物业经常在社区内组织各种文艺活动，有时是业主自己表演，有时是请专业文艺团体到社区为业主表演。除了文艺活动，节庆及社团活动也是多种多样。郑州鑫苑名家社区组织的邻里互助、环境保护、文体活动等志愿服务活动还登上了《人民日报》(见图 5-10)。

图 5-10　鑫苑社区以丰富多彩的文化活动满足了业主的精神需求

鑫苑物业每年还会举办业主运动会，目前已经连续举办了 15 届。2018 年，第 15 届鑫苑业主运动会在郑州、济南、苏州、西安等地同时举行，此次运动会共设立了 20 余个比赛项目，有数万名业主报名参加。跑步、拔河、跳绳等体育运动，不仅促使社区形成了积极向上、热爱生活、享受运动的风气，也让各位参赛业主度过了一段家人相聚、邻里相亲的幸福时光。

众多的文体活动让鑫苑的业主在休闲放松中找到了一处邻里交流、释放心灵的平台，丰富的邻里互动让业主切身感受到了鑫苑物业的品质服务，业主的居住体验和满意度也越来越高。鑫苑物业不仅引得业主交口称赞，也让业内同行折服。例如，河南一家房地产公司的老总甚至把父母安置到鑫苑名家居住，而不是让他们住在自己开发的楼盘。原因很简单，用他的话来说：在鑫苑名家，父母有玩伴，住在这里不寂寞。

近几年来，鑫苑物业举办了更有意义的活动——携手业主及志愿者服务队的代表走进大山深处的村落做公益，带动业主奉献爱心，从爱小家向爱大家转变。

河南省栾川县庙子镇桃园村是国家级贫困村，这个村子只有 242 户人家，不到 1 000 人。2018 年金秋时节，鑫苑物业组织郑州的部分业主带着他们的孩子来到这里，把募捐的书籍、玩具、文具送到山区孩子的手中，传递爱心与温暖，实现了山区孩子小小的心愿。桃园村的自然风景独特，来自城市的孩子和大山里的小伙伴踩着落叶，伴着清晨山间的雾气，一起上山捡板栗，一起动手做月饼，结成了好伙伴。

这些公益活动，点滴落在心尖，让参与者的内心变得更加丰富和强大，给业主带来了正能量的价值观和有温度的物业服务，以及有人情味儿的邻里关系。

3. “智慧党建”进社区，让社区充满正能量

在推进人文社区建设的过程中，鑫苑物业的党建工作发挥了

强大的作用。

鑫苑物业的党建工作形成了一套有自己特色的模式，即智慧党建。鑫苑物业的党务工作者将物业服务与群众路线有效结合，建立了“三化一体”服务型智慧党建结构，即“精细化服务 + 网格化服务 + 智慧化服务”，以服务的广度、深度、速度为三大着力点，推动了社区的党建工作，提升了业主的生活品质。

其中，“精细化服务”主要着力于服务的广度，努力提高党建工作的覆盖水平；“网格化服务”主要是从队伍建设、共建共管机制建设上保障服务的深度；“智慧化服务”主要着力于服务的速度，用科技方式形成多元化民情反馈渠道和分层级的群众问题调处机制，比如 400 党员专席服务、业主群服务、党员服务 e 站等。

志愿服务是体现党组织先进性的重要形式。鑫苑物业党支部建立了志愿服务的长效机制，形成了年度、月度台历以及效果评价机制，从儿童关怀、扶老助残、社会公益等方面，构建了“鑫苑慈善社区”和“鑫星爱心工程”，以服务社区建设和社会发展。

鑫苑物业在党建方面的实践，曾被中央电视台新闻频道午间热门时段的《新闻直播间》节目多次报道，其中就包括鑫苑“以社区党建推动志愿服务”的优秀事迹。该事迹成了河南郑州学雷锋志愿服务“四个 100”的先进典型。

学雷锋志愿服务“四个 100”先进典型活动由中宣部、中央文明办、民政部、环保部、文化部、国务院国资委、全国总工会、共青团中央、全国妇联、中国文联、中国残联等部门联合发起，旨在推选出 100 个最美志愿者、100 个最佳志愿服务组织、100 个最佳志愿服务项目和 100 个最美志愿服务社区，大力弘扬奉献友爱、互助进步的志愿精神，进一步推动学雷锋志愿服务的制度化、常态化。

《新闻直播间》在报道中提道：在郑州鑫苑名家社区内，鑫苑物业公司组建了一支社区志愿服务队，由物业公司的党员牵头，业务骨干参加，免费为居民提供服务和帮助。这种由党员带头成立的志愿服务队在鑫苑社区内还有 10 多支，社区内的党员不同程度地参与其中，在治安管理、扶贫帮困、家政服务、医疗卫生等方面提供志愿服务，成为社区居民的贴心人。

鑫苑名家创新的“物业 + 社区”“智慧党建 + 志愿服务”模式，未来将对标“群众对美好生活的需求”，充分挖掘服务内容，拓展服务方式设计，形成特色品牌，并以点带面推广先进经验，辐射全省的志愿服务工作，参与推进民生改善工程，彰显企业的公众形象和社会责任。多年来，郑州鑫苑名家社区得到了各级领导的关怀视察及社会各界的广泛关注，党和国家领导人先后视察鑫苑名家，对鑫苑的物业服务、社区环境、社区配套、社区党建等给予高度评价。十九大精神的中央宣讲团也选择了鑫苑名家作为河南首站，在这儿与一线工作者进行面对面的交流互动，解读十九大精神。2018 年 2 月，鑫苑名家被中宣部、中央文明办评为“全国最美志愿服务社区”。

荣誉对于鑫苑人来说，只是下一个奋斗目标的开始。“亮身份，强素质，做表率，践行志愿精神，争当服务先锋”——鑫苑物业党支部及各地志愿者服务队将继续以党支部为堡垒，汇聚社会正能量，充分发挥志愿者服务队的先锋作用，为民生幸福和城市建设贡献力量。

第四节　景观鑫苑

在追求宜居生活的同时，绿色、环保日益成为美好生活的重要组成部分。当居住环境空前地成了“明星”般的审美对象，人们已不再单纯地把居住环境作为一种生存载体，同时也要求其带来一种赏心悦目、怡情养性、延年益寿的感受，其中就包括了美的感受。

“天人合一”这个中国古代哲学思想中关于天和人的关系的命题，又开始重新被强调。这里的“天”，无疑是指大自然，而“自然”与“人为”是相通和统一的。在住宅建设中，也有“人景合一”的理念，强调的是人文环境与自然环境的和谐与融合。

“人景合一”是鑫苑在园林景观设计上的一个愿景：每当业主回到我们这里，就能回到生活，就能看见一树一树的花开，就能看见冬去春来。

1. 让景观符合潮流，赏心悦目

生活在城市中的人们，每天在街道、写字楼、工业园区穿梭，都渴望在工作之余找到一方净土，感受一片绿色。因此，越来越多的购房者把园林景观当作购房时考量的一个重点。

对房地产企业来说，打造园林景观并不全是为了迎合购房者的需求，而是因为合理设计与设置园林景观对项目和企业本身也有积极作用。独特的园林景观可以成为一个房地产项目的标志，甚至可以成为一个房地产企业的品牌形象。

所谓众口难调，每个人对景观的需求不一样，审美不一样，理解也不一样，那么，如何找到众多个性需求中的共性？鑫苑的景观设计首先遵循这样的原则：符合市场潮流。

这是因为，从景观的特性来看，它并不是永恒的，而是会随着时代的发展一直发生变化，所以在感官设计上，符合市场的潮流与受众的需求是景观设计的重中之重（见图 5-11~ 图 5-14）。

图 5-11　三亚鑫苑崖洲湾壹号园林景观

图 5-12　昆山鑫苑水岸世家园林景观一角

图 5-13　成都鑫苑名家园林景观一角

图 5-14 西安鑫苑大都汇园林景观一角

鑫苑的园林景观有足够大的空间，因为只有这样，才能串联起更多的时间，而有了更多的时间，才能让人们细细地品味生活。

以鑫苑在郑州最新打造的超级楼盘鑫苑国际新城为例，其拥有 70% 的绿色覆盖率与 30% 的硬质铺装比例，将南方园林的秀美与北方园林的硬朗融合在社区景观中，因地制宜打造了一个“新中式风格”的园林。

在设计之初，鑫苑国际新城便考虑到郑州的四季光照与风向，运用风光定位系统，在适当的位置打造了三大核心景观组团：山水秀苑、山水丽苑、山水华苑，从而确保业主在这里度过的每一个季节，都能得到最养眼的景观体验。

鑫苑国际新城的主入口景观，融入了“仁者乐山，智者乐水”的中国传统文化理念。入口景墙的花岗岩和大理石立体山水画，与周边的植物、场地保持着恰好的平衡，中轴道路上的高大树木与矮灌木篱呈阵列排放，用专属的仪式感和品质感，营造了一份“门外世界，门内是家”的感官体验，让业主每一次回家，都是一次身份与状态的切换。

作为整个社区所有居住者共享的中心景观，更是让全年龄层的居住者都拥有良好的景观体验——下沉式的阳光草坪用镜面喷泉围合，点缀以露天的特色景观亭，加之在恰当位置打造的景观会客厅，为业主提供了观赏、交流、聚会、休憩、静思的多样化空间。园林绿道、儿童区跑道、主题游乐园、定制纹样、中式元素、特色小品……每一个细节都是契合业主的需求而生。鑫苑想让每一个生命个体都融入自然并与自然和谐相处。

宅间景观，这道直达家门口的风景，是室外空间与室内空间、楼与楼之间的衔接，比主入口景观与中心景观更能影响每个居住者的生活体验。如何打造家门口的那片绿？鑫苑国际新城用层次丰富的植物组成小组团，开花、色叶植物围合，使得一个个景观小品零落分布，确保了园区四季常青，四季有花。悉心的宅间景观设计，让业主一出家门，就能够即刻体验绿树成荫、鸟语花香的自然气息，而居家生活也自然充满祥和与乐趣。

2. 让景观承载生活，引领品质

“我要一小块园地，不要有遍铺绿草，只要有泥土，可让小孩搬砖弄瓦，浇花种菜，喂几只家禽。我要在清晨时，闻见雄鸡喔喔啼的声音。我要房宅附近有几棵参天的乔木……我要院中几棵竹树，几棵梅花。我要夏天多雨冬天爽亮的天气，可以看见极蓝的青天。”——林语堂在《自传拾遗》里这样描述他对田园生活的向往和对自然的热爱。而这，也是现代喧嚣都市生活里人们的共同梦想。

潮流是随着时代变化的，而生活则是永恒不变的主题，所以鑫苑的园林景观不光要“能看”和赏心悦目，还要能承载生活，让人融入其中。鑫苑抓住这个关键点进行突破，从而满足了大部分人对园林景观的需求。

在社区园林景观的设计上，鑫苑力求满足都市人回归自然的梦想，在理念上强调“人景合一”——景观不仅是为了看，更重要的是让业主参与其中，让景观成为业主的一种生活方式。在这样的理念下，鑫苑的景观建设都围绕“人”这个主体在进行，一切都在为人的健康、舒适着想，为丰富人们的物质生活和精神生活着想。

鑫苑的项目在景观设计上注重营造和谐适度的人与自然之间的关系，在社区内部的园林设计中，重视人与自然的协调和参与性，最大的特色就是回归自然——不是简单的大面积绿化，也不是制造过多的人为硬质景观，而是立足于自然山水的特点，将绿地、水景、广场等要素有机结合在一起，并充分利用树林、园艺和坡地展现景观层次的丰富性、变化性，形成组团空间围绕中心绿地系统布局的空间形态，力求创造出一种轻松愉快、林木环抱、山水相依的环境空间。

为了将传统意义上的景观概念进一步延伸，鑫苑的社区不仅设计观赏型景观，还会将景观变成人赖以生存的环境，为人所用：比如绿地，就不只是用来观赏，而是充分照顾到人与花草的天然亲近需求，成为业主休憩和孩子嬉戏的空间；又如休闲建筑和艺术小品，既有适合孩子娱乐的亲水乐园，又有适合情侣谈心的绿色长廊，也有适合老年人闲庭信步的休闲凉亭，注重时刻建立社区内外和谐融洽的人际关系；再如水景，采用青石来尽量还原一种自然美，在自然物的构造上没有丝毫多余之物。鑫苑通过软、硬质空间的塑造，全方位体现了人性回归、亲情回归和自然回归的设计理念，给居住者提供了一个温馨、恬静、优雅、和谐的家园。

图 5-15　成都鑫苑城以礼序园林打造的蜀都新城人居样本

以鑫苑在成都郫都新区打造的大盘——成都鑫苑城为例，该项目在景观设计上以整个蜀都新城板块独一无二的“一轴，一环，五区，一核心”的礼序园林，满足业主对生活质感的内在需求，构建邻里相亲的社区人际关系，绘制了蜀都新城未来的人居样本（见图 5-15~ 图 5-17）。

图 5-16　成都鑫苑城前庭的特色水景

图 5-17　成都鑫苑城运用对景造园的手法，营造一步一景的观感

成都鑫苑城的“一轴”，即指“府门—前庭—后院”层层递进的轴线空间动线。府门入口设计了多层次的特色水景，以营造门前流水聚气的仪式感，带给业主归家的温馨；前庭将对景造园的手法运用到现代景观中，结合镜面水景、片岩景观营造空间上的开合关系，达到一步一景、一景一情的感观效果；后院涵盖儿童游乐区、镜面水景、景观亭、休憩木平台、特色小品等造景元素，形成动、静空间的完美结合，为业主提供了茶余饭后邻里交流的场所。

“一环”，是指用健跑环线串联起的不同主题的邻里休闲空间，跑道沿途点缀着由设计师精心挑选的四季常青富氧植物，搭配四季盛开的花簇，营造了一步一景的景观环绕效果。健跑环线将园区内的林荫有氧区、儿童游戏区、特色景观小品、阳光会客厅等丰富的功能空间串联起来，隔绝了人流及城市的喧嚣，为业主提供了一种健康、舒适的生活方式（见图 5-18）。

“五区”，是指在各栋楼之间保留宽松的楼间距，并围合打造成 5 个不同主题的宅间景观园林组团，确保户户都能拥有独立的前后景观，开窗满目见绿。每栋楼下结合特色铺装和登高面的优化处理，让儿童趣味场所、业主休憩区域更人性化，也更具实用性。

“一核心”，则是指集室外休憩、开敞空间、健身于一体的核心休憩区。成都鑫苑城的核心休憩区在设计上巧花心思，增加了很多可供邻里之间互动、共融的设施和元素。例如，针对不同年龄段业主的运动康体需求，设置了“乐领”老人场地、“乐玩”儿童场地、“乐型”青少年户外健身仓；阳光大草坪和室外阳光会客厅，为业主休憩、会客、邻里交流提供了一方可以私享的空间；

图 5-18　很多鑫苑小区都铺设了跑道，使得热爱运动的业主下楼就能锻炼身体

社区内的很多树木、绿植都带有二维码，扫一扫便可了解它的成长故事，让孩子们在林间嬉戏的同时学习知识，把整个社区变成了一个科普植物园；公共活动区域设有宠物垃圾袋，在维护社区环境的同时，给宠物及主人带来了尊重感、认可感以及更加自如的生活体验。

同时，鑫苑还十分注重景观研发的核心价值点，即在符合市场潮流的同时，在空间功能或者生活方式上做一些引领和突破。比如，鑫苑在一些社区中配置的户外健身仓模块，就是结合景观设计，在生活方式上做出的一种引领和突破。一般小区配备的户外健身设备都比较简易，而且暴露在户外空间中，风吹日晒、难以维护。而鑫苑项目配置的户外健身仓外表炫酷、视觉通透，里面配有跑步机、动感单车、空调等设备，业主刷卡就能进入使用，即便刮风下雨的坏天气也不会耽误业主的运动需求。这一景观模块很好地诠释了鑫苑的景观理念：不但能看——成为社区中的一道独特风景，还能参与——成为业主的一种生活方式。

第六章　品·智

1. 下一个 20 年，建筑应具备什么样的品质

“罗辑把目光向下移，立刻感到了一阵眩晕，他身处高处，而从这里看到的，他好半天才意识到，是城市。开始他以为自己看到的是一片巨型森林，一根根细长的树干直插天穹，每根树干上都伸出与其垂直的长短不一的树枝，而城市的建筑就像叶子似的挂在这些树枝上。而在房屋的墙体，则用上了触摸屏，各种显示区显示着不同功能的动态图像。”——科幻小说《三体》这样猜想人类未来的居所：随着环境污染日益严重及能源枯竭，人类被迫搬到地底居住。然而随着人类对现有科技水平的不断挖掘，人类得以再次过上优质的生活，地下的微光城市，成了充满未来科技的巨型森林。

科幻小说虽天马行空，真正的未来建筑却有迹可循。具体而言，未来，建筑将呈现出集美观、舒适、实用、环保而又个性化为一体的特征。建筑材料的多样化、环保化、可再生利用化将成为趋势；建筑结构则变得模块化、智能化、可重拆重组；建筑装饰的多样化、环保化、集约化将会成为标配。

各地千篇一律的建筑造型将难以满足人们的审美，因地而异、

一地一式将会成为潮流。不同的时代、不同的地域、不同的人类群体，有着不同的审美观点——一个时代可能流行空间流线、五彩缤纷、富丽堂皇的建筑，而当人们对这种建筑产生审美疲劳时，下一个时代可能就会流行棱角分明、灰度模糊、简约朴素的建筑。同样，一个地区可能流行前者，而另一个地区可能流行后者。即使是同一地区，因文化背景不同，有些人可能喜欢前者，有些人

图 6-1　技术和材料的发展将为未来建筑提供更多的可能

可能喜欢后者。

业主将会对建筑的实用性提出更高的要求。建筑的舒适性、实用性具有很强的时代特征，与当时、当地的科技发展程度及经济发展程度有很大的关联。在满足人们对建筑舒适性、实用性的要求方面，建筑材料和装饰材料的不断发展、不断丰富将提供更多的可能性（见图 6-1）。

业主将会更加重视建筑的环保性。自然环境的退化只有靠居住环境来弥补，环保将是未来建筑最重要的发展方向之一。在保证建筑基本功能的同时，未来建筑需要考虑通过太阳能光电系统、太阳能热水系统、能源利用智能控制系统、雨水收集利用系统、水资源循环利用系统、垃圾分类收集资源化利用系统等，来实现建筑的能源消耗最小化、水资源消耗最小化、垃圾排放最小化。

……

更为重要的是，未来，建筑整体的智能化和系统化管理以及自适性运行管理将会越来越普及，其包含噪音、温度、能源、水源、垃圾处理、防火、防盗、远程控制等方方面面。

深圳，南山区科技园。

这里拔地而起的腾讯滨海大厦，就是一座充满着科技感的智能大厦，是腾讯在智慧建筑方面的一次有益探索。

- 大厦门禁采用人脸识别，人脸识别系统启动后便会触发大楼里的所有设备联动。
- 大厦墙体按照深圳日照规律设计，全落地玻璃窗自带遮阳系统。
- 楼内 56 部电梯没有设置数字按键，员工可用微信预约楼层，最近的电梯会在最短时间内到达。
- 会议室会根据人员和环境的变化自动调整室内亮度和温度。
- 根据节假日变化的表情大屏，回收 IT 机房热量来维持恒温的游泳池，以及依据“海绵城市”（新一代城市雨洪管理概念）理念打造的空中花园……

智慧建筑也属于物联网的范畴，它与智能家居的概念有共通之处——智能家居是让房间变得智能，而智慧建筑是让大楼变得智能。试想一下，不用工牌打开闸机，不用手动签到，仅仅通过人脸识别技术，系统就能即刻匹配身份，完成开门、签到；坐电梯不用按楼层，系统会根据匹配的信息将你送到你的办公楼层；不用手动操作空调、座椅、咖啡机……一切将会变得多么方便！

新技术、新产品层出不穷，让人们对未来建筑的想象空间无限延展。面对不断出现的新挑战，如何成功取得对未来的主动权，对社会做出应有的贡献，是热爱科技、拥抱科技的鑫苑董事长张勇一直以来思考的问题。

其实，鑫苑一直对智慧和科技保持着一种好奇与敬畏。在鑫苑人眼中，科技、智慧与地产的结合，不是虚无缥缈的想象，更不是吸引眼球的噱头，它们是真实的存在。鑫苑正致力于将智慧科技融入设计，融入建造，融入生活，融入物管，让它们带给业主真真切切的居住感受和价值回报。

鑫苑认为，作为建筑设计者和建造者，要想做到准确把握未来建筑的发展方向，必须具有准确把握人性特点、地域特点、文化特点的能力，而且要用发展的眼光去看待不同地域、不同人群对建筑的不同审美追求。未来建筑还必须把握住时代科技发展的脉搏，不断将新技术、新材料应用到建筑技术中去，不断满足人们对建筑舒适性和实用性的需求。

2. 智慧家庭将让科幻场景变成居家日常

1995 年，比尔 · 盖茨在《未来之路》一书中下了论断：在不远的未来，没有智能家居系统的住宅，会像不能上网的住宅一样不合潮流。

2013 年，好莱坞巨星汤姆·克鲁斯拍了一部电影《遗落战境》。有意思的是，虽然电影讲述的爱情故事出人意料，主人公身份变化的大反转结局引人注目，未来太空飞船、武器场景的展示令人眼花缭乱，但不少观众反馈，令他们印象最深刻的却是电影展现的未来家居生活。

不同于其他科幻片中光怪陆离、难以与现实联系起来的室内场景,《遗落战境》中汤姆·克鲁斯与女主角共同生活的天空住宅，在富有科幻感之余还不失实用性。天空住宅以蓝、白、灰三种颜色为主色调，室内一尘不染，有客厅、餐厅、卧室、厨房、医疗室、工作区及云中泳池，而且摆设与家具的线条优雅流畅，造型简洁而富有科技感。其中不少智能化的功能虽然看起来十分炫酷，但就今天的技术而言，也并不是完全不能实现，比如智能锁、声控家电、LED（发光二极管）液晶板桌面等，现在已经走入现实。

有观众打趣说他们看了一部豪宅广告片，更有观众在家居论坛上打听如何才能把房子装修出《遗落战境》中的效果。这也从另一个侧面表明，随着各种智能科技越来越深入大众生活，人们对于住宅品质的追求也越来越看重其科技体验。这就要求未来的房地产企业不能只局限于扮演一个建筑服务商的角色，还要提供相应的科技产品与服务，将最新、最炫而且最实用的科技融入居家生活的日常。

当前，物联网的迅猛发展为智能家居、智能住宅的落地生根和自由生长提供了坚实的土壤。顾名思义，物联网就是物物相连的互联网，这有两层意思：其一，物联网的核心和基础仍然是互联网，是在互联网基础上延伸和扩展的网络；其二，其用户端延伸和扩展到了物品与物品之间，物品之间可以进行信息交换和通信，也就是物物相息。物联网通过智能感知、识别技术与普适计算等通信感知技术，广泛应用于网络的融合中，也因此被称为继计算机、互联网之后世界信息产业发展的第三次浪潮。

与互联网打破万里之遥的地域限制相反，物联网最佳的用武之地在百米之内，特别是在住宅区。于是，家庭物联网应用即智能家居成为各国物联网企业全力抢占的制高点，而住宅正是房地产企业的天然领地。

进入 21 世纪第一个 10 年以后，不少物联网企业、家电企业以及房地产企业开始闻风而动，纷纷投身于智能家居的落地。不过它们中的大部分都是大潮涌动之前的泡沫，因为许多企业一味地考虑科技化和智能化，却忽视了最为重要的人性化，制造出大量的鸡肋家庭应用，以致智能家居被认为是伪需求。

不过近年来，智能家居的瓶颈开始有松动的迹象。首先是物联网终于有了一些实质性的进展。在我国，随着“工业 4.0”“智能制造 2025”等概念的风生水起，物联网已经从“概念”跨步到了“稳步落地”，呈现出从琐碎化到系统化、整体化的发展趋势。根据工信部发布的《物联网的十三五规划（2016—2020 年）》，预计到 2020 年，我国的物联网产业体系将基本形成，包括感知制造、网络传输、智能信息服务在内的总体产业规模将突破 1.5 万亿元。麦肯锡报告则指出，到 2025 年，物联网给世界带来的经济效益将达到 2.7 万亿 ~ 6.2 万亿美元。

尤其是无线物联网技术的成熟省去了布线这一最大麻烦，打破了智能家居安装设置复杂、工期长、造价高，且大多只适用于新装修用户的局限，这让手中拥有巨大存量房屋的房地产企业不再徘徊，开始入场。

房地产领域的政策与行业走向也在推动智能家居的落地。随着房地产领域“租购并举”“精装修交付”等政策的持续推行，未来的高端楼盘都会自带智能家居系统。将高科技引入家居，不仅能为业主带来更具科技感的体验，而且会给他们的生活带来诸多便利。对房地产企业来说，这不只是“锦上添花”的行为，而是与竞品楼盘拉开差距的关键因素。

同时，人工智能技术的崛起也为智能家居带来了新的应用，这体现在两个方面。其一是带来了新的交互方式，包括语音识别、语音理解、动作识别以及脑电波识别等技术。这些技术能让人更加自然、灵活、轻松地与智能家居系统进行交互并达到预期效果，新交互方式最终会以家庭服务机器人这样的形态来实施与人的交互。其二是机器学习和深度学习能让人工智能更好地了解空间、环境和人，进而主动思考判断，真正像一个管家一样为家庭成员提供服务。

人工智能与家居结合的关键其实在于让科技把一些生活琐事“承包”，减少人们动手动脚的时间，使得人们只需要动动嘴，就有专门的系统去干活。因此，鑫苑认为智能语音与物联网系统才是智慧家庭的核心（见图 6–2）。一个智慧家庭，并不是要求人们购买的所有家用电器都是智能的，而是基于家庭服务机器人，家庭成员可以与互联网世界相连接，并通过语音交互等模式享受科技带来的便捷和舒适。简单来讲，就是用家庭服务机器人释放人们的双手。

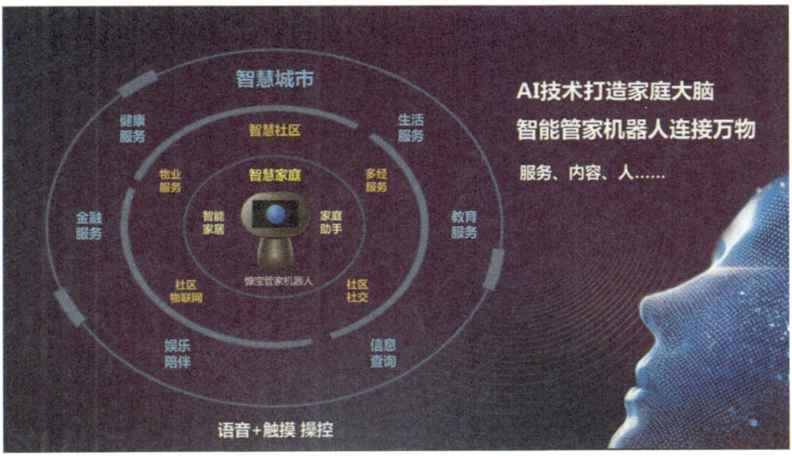

图 6-2　鑫苑认为，智能语音与物联网系统才是智慧家庭的核心

北京光华路东方梅地亚中心，C 座 1510 室。

鑫苑旗下的爱接力科技在这里建立了一个“慷宝之家”——这是一间会客室，科技蓝的主色调炫酷、理性。正如本书前面章节所介绍过的那样，在“慷宝之家”，主人只管发出各种指令，慷宝机器人就可以完成开门、关灯、呼叫物业等各种动作。当主人出门时，只需要说上一句“我出门啦”，室内的窗帘、灯具、房门就会全部自动关闭。

即便是已经装修完毕的居室，也只需要进行小小的改动，就能将慷宝机器人与各种家电、家居设备连接起来。目前，慷宝可以连接超过500款家电。“家里的事，就叫慷宝”。就智慧家庭而言，慷宝机器人已经具备30多项超强实用功能，如人脸识别、物业咨询、智能家居、访客通行、紧急呼叫、报事报修、英语对练、看医生等，分别对应大生活、大教育和大健康三大板块。这些都是爱接力团队与鑫苑物业通过不断的互动交流，进行数据收集和分析之后得出的“用户刚需”，是使用频率较高的服务。

未来，爱接力将结合用户痛点、技术迭代更新等因素，不断对慷宝的软硬件进行再升级，以家庭服务机器人为载体，为每位家庭成员提供真正解决痛点的优质内容和服务，提升业主的生活品质。

3. 智慧社区将解锁幸福家园的密码

业主不用带卡就能自由出入社区，访客也无须烦琐的人工登记，通过人脸识别门禁系统确认面部特征即可通行。

地面传感器能跟踪足迹，无论你走到哪里，系统都能根据接收到的数据满足甚至预见你的需求，将环境调整到最适合你的状态。

楼宇和房间可以自动接收并满足每个人的偏好。当你踏入一个房间，你喜爱的音乐旋律便会响起，墙壁上则会投射出你熟悉的画作，甚至当你在游泳池戏水时，水下也会传来悦耳的音乐。

传感器能根据土壤湿度及时自动地浇灌树木花草，并监测社区内水景的水质，以及时换水保持水景的清澈明净。只需要很少的园丁，就能照料整个社区的园林景观……

这不是幻想。其实早在 21 世纪初，比尔 · 盖茨建造的位于西雅图的“未来之屋”就实现了上述大部分功能。比尔 · 盖茨建造“未来之屋”的初衷，除了满足个人对居住的想象，也是为了思考如何将最新科技融入社区建筑。正如他将电脑从 IBM 专用于政府企业的大型机解放出来成为适用于大众的 PC（个人计算机）一样，比尔 · 盖茨也有通过“未来之屋”实验智慧社区的计划。2017 年 11 月，比尔 · 盖茨旗下的投资公司就斥资 8000 万美元在亚利桑那的西谷购买了 2.5 万英亩地，用于建设一个名为“Belmont”的全新智慧社区。

从技术上说，智慧社区主要是利用传感器网络、互联网、移动互联网及 4G 通信网络和相关智能终端，以物业管理系统为基础，把小区内各类公共信息应用系统和业主家居应用系统等进行集成化，将传感器获取的信息通过计算技术反馈到用户的手机、PC 和电视屏上，建立一个在任何时间、任何地点，以任何主体向任何对象传播任何信息的应用系统。人脸识别门禁系统、智慧医疗小屋、智能快递柜、环境监测设备、高清监控、直饮水改造仪器、环保垃圾桶等一系列智能化设备，将使社区居民的生活更加舒适。

在公共空间上，智慧社区拥有智慧停车管理系统、智慧安防监控系统、智慧社区门禁系统、智慧社区 O2O 平台与社区电商、线下运营服务等系统。通过移动应用与智能设备的对接，智慧社区可以很好地解决业主的居家安全问题，业主也可以随时了解家庭的安全状况。

在物业管理上，智慧社区可以通过智慧物业管理系统进行物业信息的实时发送，不仅减少了通知住户的不便，也可以根据需求上架自己的物业服务，为居民提供实时的客户服务，解决各类报修问题，从而建立高标准、高要求、切实可行的社区服务质量保障与督促机制。

在与周边服务的对接上，智慧社区可以构建专注于社区 O2O 的云服务平台，支持多产品、多设备、多终端的融合接入。居民通过访问服务平台，足不出户即可享受社区购物、社区餐厅、社区会所、社区医疗以及政府公共信息服务（见图 6-3）。

图 6-3　智慧社区可以与周边服务对接，构建云服务平台

在国内，包括鑫苑在内的一些科技及房地产企业已开始对智慧社区进行探索和尝试。鑫苑对于未来科技地产的构想，不止于智慧家庭，而是想通过智慧家庭实现辐射效应，衍生出智慧社区，乃至连接智慧城市。

位于郑州的鑫苑国际新城，就是鑫苑打造的智慧社区代表。鑫苑国际新城从规划伊始，就旨在全力打造智慧社区 O2O，配备智能家居，引入智慧物业，为业主构建未来人居智慧生活新时代。除了拥有智能家居控制系统、净水系统、全新检测清霾新风系统、地暖及消音管材系统、智能安防系统外，鑫苑国际新城还在五大方面构筑了未来智慧生活场景。社区全 Wi-Fi 覆盖，新风系统、静水系统、可视对讲机、SOS（国际求救信号）一键呼救、人体感应、空气监测仪等数十项智能家居设备都成为项目的标配。

4. 智慧城市将构建人们心中的“理想城”

如果说家庭和社区是社会的细胞，那么城市则是社会的器官。从智慧家庭、智慧建筑到智慧社区，再到智慧城市，这是一个宏大的梦想与工程。

随着城市人口不断膨胀，“城市病”成为困扰各个城市建设与管理的首要难题，资源短缺、环境污染、交通拥堵、安全隐患等问题日益突出。为了破解“城市病”的困局，智慧城市应运而生。

由于智慧城市综合采用了包括射频传感技术、物联网技术、云计算技术、下一代通信技术在内的新一代信息技术，因此能够有效地化解“城市病”。这些技术的应用能够使城市更易于被感知，城市资源更易于被充分整合，在此基础上就能实现对城市的精细化和智能化管理，从而减少资源消耗，降低环境污染，解决交通拥堵，消除安全隐患，最终实现城市的可持续发展。

智慧城市除了人居方面，还包括智慧交通、智慧安防、智慧政务、智慧医疗和智慧园区等方面，城市大脑搭建起了全方位、多层次的生态服务，旨在实现从解决便利性的量变到提升城市管理水平的质变。同时，智慧城市也不仅仅是物联网和云计算等新一代信息技术的应用，更重要的是通过面向知识社会的创新应用，构建用户创新、开放创新、大众创新和协同创新为特征的城市可持续创新生态（见图 6–4）。

图 6–4 “智慧城市”将为破解“城市病”提供有力的技术手段

这不是哪一个企业能够办成的事，需要很多行业及企业联手并配合政府部门才能完成。科技企业与房地产企业将是其中的主力。

欧盟于 2006 年发起成立了欧洲实地实验室（Living Lab）组织，它致力于采用新的工具和方法、先进的信息和通信技术来调动方方面面的集体智慧和创造力，从而为解决社会问题提供方案。欧洲实地实验室还发起了欧洲智慧城市网络，即完全以用户为中心，借助开放的创新空间，帮助居民利用信息技术和移动应用服务提升生活质量，使人的需求在其间得到最大的尊重和满足。

2009 年，迪比克市与 IBM 合作，建立了美国第一个智慧城市。智慧城市就是利用物联网技术，在一个有 6 万居民的社区里将各种城市公用资源（水、电、油、气、交通和公共服务等）连接起来，监测、分析和整合各种数据，以做出智能化的响应，更好地服务市民。迪比克市的第一步是为所有住户和商铺安装数控水电计量器，其中包含低流量传感器技术，可以防止水电泄漏造成的浪费。同时，搭建综合监测平台，及时对数据进行分析、整合和展示，以便对整个城市的资源使用情况一目了然。更重要的是，迪比克市向个人和企业公布了这些信息，使他们对自己的耗能有了更清晰的认识，对可持续发展有了更多的责任感。

在过去的十几年间，全球相继启动智慧城市计划。德勤最新发布的《超级智慧城市报告》显示，目前全球已启动或在建的智慧城市达 1 000 多个，而从在建数量来看，中国以 500 个试点城市居于首位。自中国政府将智慧城市写入国家战略并投入大量资金以来，无论是一线城市还是中小型城市，皆有智慧城市项目落地，并且形成了数个大型智慧城市群，其分布在东部沿海以及中西部地区。

很多中国科技企业及房地产企业正在积极加入探索智慧城市的行列，鑫苑旗下的鑫创科技就是其中之一。作为鑫苑在科技城市运营领域的唯一业务平台，鑫创科技具备强大的产业规划、产业招商、产业投资和产业运营服务能力，可以提供科技城市规划、投资、建设、运营一体化的服务。鑫创科技致力于成为中国新型城镇化建设的长期实践者、中国科技和城市智慧融合的有力推动者、中国领先的科技城市综合运营商。

综上所述，从智能家居到智能建筑，从智慧社区到智慧城市，无论是技术还是政策的铺路，房地产行业都已经站在了新的风口前沿。因此，谁能及早做好布局，谁就能引领房地产市场未来的变革。

鑫苑对这一行业趋势早有判断。早在2016年，鑫苑就开启了科技化转型之路，提出“创享智慧城市家园”的目标，做到了对创业伊始提出的“创建美好家园”的传承与创新。

为了实现这个目标，鑫苑在“共生共赢，合作分享”的文化机制下，紧随国家产业结构转型升级的趋势，连接全球科技资源，在智慧科技领域展开了积极布局和广泛探索。

2018年，鑫苑发布全新战略及愿景，宣称鑫苑将在“鑫平台、鑫生态、鑫赋能”的战略框架下，将主业做强，辅业做大，逐步成为“国际化科技地产生态引领者”。

实际上，从鑫苑的内部架构中就能看到浓厚的科技元素。鑫苑的五大辅业公司，除了前面提到的科技城市运营平台鑫创科技，还包括一家快速成长的互联网创新型企业——鑫巨科技。鑫巨科技致力于打造以行业信息化的“新平台、新生态、跨组织协同”为核心的 SaaS（软件即服务）管理平台，正在建设的地产 ERP 就是一个可以颠覆中国房地产信息化建设思维与格局的项目。

除此之外，鑫苑还有一个独立的科技集团，下辖爱接力、瑞卓喜意、瑞卓喜创、瑞卓喜投 4 家公司。爱接力如前所述担负着人工智能研发的重任，瑞卓喜意、瑞卓喜创、瑞卓喜投 3 家公司则围绕区块链技术做好了布局。

目前，由鑫苑研发的物联网社区应用 App 和人工智能机器人等已在郑州的社区进行试点，新一代的鑫苑智慧社区解决方案也在郑州鑫苑国际新城落地生根。未来，鑫苑将大力发展科技小镇模式，引入物联网及区块链等高端产业集群，打造创新基地和产业引擎，形成新的人才集聚区和产城融合示范区。

后记

初心不变

古语有云："守其初心，始终不变。"1997—2018 年的 21 年间，时光如白驹过隙，鑫苑从郑州起步，风雨兼程，终由一家小小的工程公司成长为实力雄厚的多元化集团企业。

这期间，鑫苑走过了中国房地产行业大发展的黄金十年，也经历了行业转型及长效机制探索的全面调控时代。但无论外部的环境如何变化，鑫苑对品质的信仰与坚持始终未变。

择一城终老，遇一人白首。依靠住宅地产成长壮大起来的鑫苑，深知"家"在国人心中的特殊意义。老百姓终其一生都在寻找一个自己喜欢的城市，并为在这个城市买一套舒适的房子而打拼，这让鑫苑人时刻感到重任在肩。四季变换，冬去春来。鑫苑希望无论是凛冽寒冬还是炙热酷暑，当华灯初上之时，鑫苑都能为每一位业主留一盏灯；当风雨来临之时，鑫苑都能成为每个家庭的守护人。从初创时期的"创建美好家园"到现在的"创享智慧城市家园”的转变，是鑫苑以人为本，迎合时代与用户需求而做出的改变。

企业的社会责任感和使命感促使鑫苑清醒地认识到，不能止步于对城市肌理的改造，而要通过对现行商业模式的变革，给人们的生产、生活带来质的改变。“创新”由此成为鑫苑近年来发展的主旋律。

秉持科技地产、品质地产的发展理念，鑫苑以“国际化科技地产生态引领者”为目标，以“共生共赢，合作分享”为文化机制，开启了科技化转型之路，并取得了显著成果——已构建起地产开发、融资代建、产城运营、智慧科技、商业管理和物业管理等一主多辅、主辅并进的产业生态。

如何选择“求变”与“不变”，决定了一家企业的战略方向；如何看待“求变”与“不变”，折射出一家企业的价值观。对鑫苑而言，面对市场的变化，一方面要实行主辅联动，依托五大辅业开拓创新；另一方面则要立足房地产主业，持续聚焦产品和服务品质。

大数据、人工智能、区块链、云计算……无论多少高精尖的科学技术应用在房地产行业，归根结底都是为了服务人。无人机工地勘查和 VR（虚拟现实技术）安全培训是为了让工人施工更安全；慷宝机器人入户、移动验房和人脸识别门禁是为了让业主的生活更方便、更舒适。鑫苑相信，无论市场与科技如何变化，保持初心、以人为本才是未来房地产企业最核心的竞争力。

2018 年是改革开放 40 周年，1978—2018 年，在两代人的时间里，中国的城市面貌发生了翻天覆地的变化。40 年间，中国房地产市场从无到有，从小到大，取得了一个个“第一”，并以前所未有的速度迅速崛起。

随着中国经济的快速发展、科技的不断进步、改革开放的持续深入，鑫苑迅速成长、发展、壮大。作为率先在美国上市、走向世界的中国房地产企业，鑫苑让世界看到了中国房地产企业的实力，也把国外的先进技术和管理理念引进了中国，与中国本土特色相结合。

没有“成功”的企业，只有“时代”的企业。40年间，在住房制度改革和土地使用制度改革的推动下，我国房地产市场体系已基本健全，住房保障体系正在逐步完善。一个以商品化、市场化、社会化为主体的城镇住房制度已经建立，一个“多主体供给、多渠道保障、租购并举”的住房供应与保障体系也正在加快建立。

正如鑫苑董事长张勇所说：“立志欲坚不欲锐，成功在久不在速。”鑫苑相信，在中国房地产市场体制与监管体系不断完善的大背景下，未来房地产市场必将呈现出可持续发展的勃勃生机。

从郑州到全国，从全国到世界，从“创建美好家园”到“创享智慧城市家园”，是创新的勇气和毅力铺就了鑫苑脚下宽广的道路。逐步成为“国际化科技地产生态引领者”是鑫苑人的愿景，更是鞭策鑫苑人不断努力的动力。在创新探索中与时俱进，锐意前行，持续嬗变，不断地以高品质的产品和服务反哺社会，是鑫苑矢志不渝的理想。